新版 ここからはじめるフランス語

酒巻洋子

SANSHUSHA

　フランス語を学ぼうと思ったきっかけは人によってさまざまでしょう。たまたま、学校で仏語科目を選択したから、仏検に合格したいから、フランスに留学したいから。すごい目標はないけれど、旅行で訪れてフランス語を話してみたくなったから、などなど。とっかかりは何であれ、フランス語を始めたのはいいけれど、志半ばで挫折した人も多いのでは。意気揚々と買い込んだ文法書が最後まで読み終えられず、本棚の肥やしになっていませんか？

　机上だけの勉強では、語学学習の意欲を上げるのはなかなか難しいもの。外国語というものは、話す相手がいて、実際に使ってみて、コミュニケーションが取れることで、面白さが何倍にも膨れ上がるものだと思います。でも、だからといって、旅行会話書を片手にフランスを訪れたところで、フランス人相手に会話が成り立つかと言えば、そううまくいくものではないですよね。

　本書は、文法書を1から学ぶのは面倒くさい人、でも旅行会話書を丸暗記するのでは

　飽き足らない人向けに作りました。出てくるフレーズは旅行会話を中心に、旅行中、よく使う単語のみを紹介しています。フランスでの日常生活だって、使用頻度が高いのは限られた言い方のみだったりしますから、実践を求めるのならば、いわゆる文法書の内容をすべて覚える必要はないのです。さらに、それぞれに詳しい解説をつけていますので、旅行会話書よりも文章の構成を理解して使っていただけることでしょう。必要な旅行会話＆最低限の文法を載せた、いわばおいしいとこ取りの語学書というわけです！
　まずはこの本の内容をバッチリ話せるようになってください。そしてフランスを訪れたとき、実際に使ってみて、フランス語を話す楽しさを知ってください。そうしてから、さらにフランス語を学びたくなったのならば、より詳しい文法書で理解を深めてもいいし、仏検へ挑戦するのもいいでしょう。そうこうしているうちに、思わずフランスに住んでしまった、なんてこともアリかもしれません。

SOMMAIRE

はじめに　2

コラム　あいさつから始めましょう　8

Chapitre 1　欲しいものを伝えましょう

Etape 1　**単語で伝えましょう**　11

01.「欲しいもの」は何ですか？　11
02.「欲しいもの」は男性名詞、女性名詞？　12
03.「いくつ欲しい」数量をつけましょう　13
04.「これとこれも」何種類も欲しいとき　14
05.「〜ください」もっとも簡単な頼み方　16

コラム　声を掛けてみましょう　17

Etape 2　**文章で伝えましょう**　19

06.「〜が欲しいです」文を作ってみましょう　19
07.「私は」「あなたは」誰のことですか？　20
08.「〜が欲しいのですが」やさしく頼んでみましょう　22

コラム　あいまいなフランス語　25

09.「〜をもらいます」欲しいものをもらいましょう　26
10.「これ」「それ」「あれ」名前が分からない！　28
11.「これで全部です」他に欲しいものはありません　31
12.「どのくらいの量」が欲しいのですか？　34
13.「〜したいのですが」やりたいことを尋ねてみましょう　40

●この発音に注意！

《 e、é、è、ê 》　23
《 ou、où、oû 》《 eu 》　27
《 エリズィヨン élision 》　30
《 c 》《 ç 》《 ch 》　32
《 アンシェヌマン enchaînement 》　47
《 リエゾン liaison 》　48
《 en、em 》《 an、am 》《 in、im 》《 un、um 》
　　　　　　《 ain、aim 》《 on、om 》　50
《 s 》《 ss 》　66
《 ai、aî、ei 》《 ay、ey 》　71
《 oi、oî 》《 oy 》　76
《 ill、ill(e) 》　111
《 au、eau 》　123
《 qu 》《 gu 》　140
《 h 》　143
《 r 》　158

Chapitre 2 尋ねたいことを聞いてみましょう

Etape 1 **はい、いいえで答える疑問文**　45

01.「〜ですか？」疑問文を作ってみましょう　45
02.「〜はありますか？」探しものを尋ねてみましょう　46
03.「はい」「いいえ」答えを聞いてみましょう　49
04.「それを」「それらを」代用する言葉で置き換えましょう　51
05.「〜ないです」否定文を作りましょう　54
06.「もうない」「何もない」「しかない」
　　いろいろな"ない"を覚えましょう　57

コラム お礼と謝罪への返答の仕方　60

07.「〜ないのですか？」否定文で聞いてみましょう　62
08.「〜できますか？」やりたいことを聞いてみましょう　64
09.「この」「その」指すものを明確にしましょう　66
10.「〜していただけますか？」依頼文を作ってみましょう　70
11.「私に」「私を」誰にして欲しいですか？　72
12.「〜すべきですか？」必要か聞いてみましょう　74

コラム お礼の言い方　78

Etape 2 **答えを求める疑問文**　79

13.「いつ」「どこ」「いくら」疑問文を作ってみましょう　79
14.「どこですか？」ある場所を聞いてみましょう　80

コラム 了解を伝えましょう　83

15.「右へ」「左へ」どっちでしょう　84
16.「どこで〜ですか？」する場所を聞いてみましょう　86
17.「いくらですか？」値段を聞いてみましょう　88
18.「どのくらいですか？」数量を尋ねてみましょう　90
19.「どのように？」やり方を尋ねてみましょう　93
20.「いつですか？」時期を聞いてみましょう　94

コラム 聞き返す表現　96

21.「何を」「誰が」疑問文を作ってみましょう　97
22.「これは何ですか？」お馴染みの疑問文です　98
23.「それは〜です」指して言いましょう　100
24.「誰ですか？」人を尋ねてみましょう　102
25.「私」、「あなた」強調してみましょう　104
26.「何の」「どんな」疑問文を作ってみましょう　107
27.「何の」名詞につけて聞いてみましょう　108
28.「何時に」「何時まで」具体的に聞いてみましょう　112
29.「〜は何？」尋ねてみましょう　115

コラム 国籍を尋ねる表現　117

cinq [サンク]　5

Chapitre 3　ちょっとした会話を楽しみましょう

Etape 1　日常会話を見てみましょう　119

01.「お元気ですか？」まずはこのセリフから　119
02.「いい天気ですね」時候のあいさつは世界共通　122
03.「値段が高いです」値切ってみましょう　130
04.「フランス語を話します」言葉は重要な問題です　132
05.「日本人です」自己紹介しましょう　136

コラム 国籍いろいろ　138

06.「学生です」職業を言いましょう　139

コラム いろいろな職業　141

07.「東京に住んでいます」
　　住んでいる場所も話題のひとつ　142

Etape 2　過去形を作ってみましょう　145

08.「すでに終わったこと」複合過去と言います　145
09.「日本に行ったことがありますか？」
　　日本を話題にしてみましょう　146
10.「フランスに来たことがあります」
　　フランスを話題にしてみましょう　147
11.「そこに」場所を置き換えて言いましょう　148
12.「〜しました」旅行中に使う過去形　150

コラム 「すでに」か「まだ」か　153

Etape 3　未来形を作ってみましょう　155

13.「〜しようとする」「〜するつもり」
　　近い未来のことです　155
14.「〜するつもりです」予定を話しましょう　156

コラム 「昨日」「今日」「明日」を覚えましょう　160

Annexe フランス語の発音

まずはフランス語のアルファベットを覚えましょう　　162

綴り字記号　163

母音字　163

❶ 単母音字　163
《 a、à、â 》《 e、é、è、ê 》《 i、î、y 》《 o、ô 》《 u、û 》

❷ 複母音字　164
《 ai、aî、ei 》《 au、eau 》《 eu、œu 》《 ou、où、oû 》《 oi、oî 》《 ay、ey 》《 oy 》

❸ 鼻母音（母音字＋n、m）　165
《 an、am 》《 en、em 》《 in、im 》《 ain、aim 》《 ein、eim 》《 on、om 》《 un、um 》

❹ 半母音字　166
《 il、ill(e) 》

子音字　166
《 b 》《 c 》《 ç 》《 cc 》《 ch 》《 g 》《 gn 》《 gu 》《 h 》《 ph 》《 qu 》《 r 》《 rh 》《 s 》
《 ss 》《 sc 》《 t 》《 th 》《 x 》

母音字の省略　170
《 エリズィヨン élision 》

連音、連読する場合　170
《 リエゾン liaison 》《 アンシェヌマン enchaînement 》

● 余裕があったら覚えておこう！
よく使われる動詞の現在活用形

vouloir [ヴロワール]	23	être [エトル]	81
prendre [プラーンドル]	26	aller [アレ]	120
avoir [アヴォワール]	52	faire [フェール]	122
pouvoir [プヴォワール]	64	parler [パルレ]	133
devoir [ドゥヴォワール]	77	habiter [アビテ]	143

《 音声ダウンロード・ストリーミング 》

1. PC・スマートフォンで本書の音声ページにアクセスします。
   https://www.sanshusha.co.jp/np/onsei/isbn/9784384061482/
2. シリアルコード「06148」を入力。
3. 音声ダウンロード・ストリーミングをご利用いただけます。

sept [セット]　7

あいさつから始めましょう

🔊 002

お店やレストランなどに入ったら**必ず声を掛ける**のがフランス。"Bonjour"が一般的なものながら、時間帯によって言葉も変わっていきます。出会ったときのみならず、別れるときにも使うあいさつ。時間を追って両方を見てみましょう。

1日 un jour ［アン・ジュール］

朝 le matin ［ル・マタン］

こんにちは。
Bonjour. ［ボンジュール］

"bon + jour" で「よい日」という意味で、朝〜昼のあいさつです。

よい1日を。
Bonne journée. ［ボンヌ・ジュルネ］

"la journée"は「1日中、昼間」なので、お昼ぐらいまで使える別れの言葉。女性名詞のため、形容詞 "bon" も女性形の "bonne"。

昼 le midi ［ル・ミディ］

よい午後を。
Bon après-midi. ［ボン・ナプレ・ミディ］

午前の終わりからお昼ごろまで使えるあいさつ。

さようなら。
Au revoir. ［オーヴォワール］

時間を選ばず、いつでも使える別れのあいさつです。

l'après-midi [ラプレ・ミディ]

よい午後の終わりを。
Bonne fin d'après-midi. [ボンヌ・ファン・ダプレ・ミディ]

お昼過ぎごろに使う別れの言葉。"fin [ファン] (終わり)" は女性名詞。

 le soir [ル・ソワール]

こんばんは。
Bonsoir. [ボンソワール]

"bon + soir" で「よい晩」という意味で、夕方から夜まで出会ったときに使います。別れの際に使って「さようなら」という意味で使っても。

よい晩を。
Bonne soirée. [ボンヌ・ソワレ]

"la soirée" は「晩」で、夕方から夜にかけて使う別れの言葉。

 la nuit [ラ・ニュイ]

おやすみなさい。
Bonne nuit. [ボンヌ・ニュイ]

"bonne + nuit" で「よい夜」という意味。家族間などで寝る前に使うのが一般的ですが、夜遊びして深夜近くになったときに使っても。

Chapitre 1 欲しいものを伝えましょう

旅行中にもっとも必要とされるのは、
"欲しいもの"を伝えるということでしょう。
単語だけから始まり、文章で伝えられるようになればたいしたもの。
実際にも決まりきった表現しか使いませんので、
これさえ覚えれば何でも欲しいものが頼めます。

Etape 1　単語で伝えましょう

01. 「欲しいもの」は何ですか？

一番簡単な伝達方法である、**欲しいものの単語**を言うだけで欲しいものが何であるのか、相手に伝わります。ただ、ここで問題なのはフランス語の場合、単語といってもすべてのものの**名詞**の前には**冠詞**というものをつけなくてはいけないことです。また、名詞が**男性名詞**なのか**女性名詞**なのかでこの冠詞の形が変わってくるから、さらにややこしい。でも旅行中、使う単語は限られるわけですから、まずは必要な名詞だけでも理解しましょう。

Etape 1　単語で伝えましょう

02. 「欲しいもの」は男性名詞、女性名詞？

((003))

フランス語のもっともやっかいな部分といえば、**名詞の性**。ほぼすべての**名詞**に男性か女性かの**性別**があるのです。それによってその前につける**冠詞**も変わってくると言うのだから、もう訳が分からない。とりあえず、旅行中によく使う名詞とともに**不定冠詞**を見てみましょう。

男性名詞の不定冠詞
un [アン] 1個

コーヒー 1 杯　un café [アン・カフェ]
サンドイッチ 1 つ　un sandwich [アン・サンドウィッチ]
切符 1 枚　un ticket [アン・ティケ]
地下鉄のパス・ナヴィゴ 1 枚
　un passe Navigo [アン・パス・ナヴィゴ]

un café

女性名詞の不定冠詞
une [ユンヌ] 1個

サラダ一皿　une salade [ユンヌ・サラド]
タルト 1 つ　une tarte [ユンヌ・タルト]
ブリオッシュ 1 つ
　une brioche [ユンヌ・ブリオッシュ]
りんご 1 個　une pomme [ユンヌ・ポム]

une pomme

上記に挙げた名詞で、男性か女性かの分類の法則が分かりますか？ いいえ、分かりませんよね、法則なんてないんですもの。それでも何とか、判断をつけようと思ったら、"sandwich" や "ticket" など**英語から来た単語は男性名詞**。**女性名詞**のリストをよく見てみると、**語尾が "e" で終わっている**ということが分かるでしょう。もちろんそんな場合ばかりではないので、よく使う単語や自分の欲しいものだけでも男性名詞なのか女性名詞なのかを覚えておきましょう。

12　douze [ドゥーズ]

03. 「いくつ欲しい」
数量をつけましょう

(((004)))

先に出てきた**不定冠詞** "un、une" は、「1個」という数を表しています。もし欲しいものが2つ以上の場合は、これを欲しい数量に変えていかなくてはいけません。でも、**男性名詞**か**女性名詞**かで変化があるのは、**1つの場合**だけで2つ以上からは変化がなく、すべてに同じ単語をつけるので簡単です！

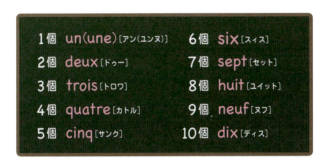

例えば、

マカロン2個（男性名詞）
deux macarons［ドゥー・マカロン］

トマト2個（女性名詞）
deux tomates［ドゥー・トマト］

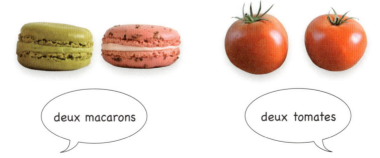

男性名詞も**女性名詞**も同じ "deux" が前につき、単語の語尾に "s（例外もあり）" をつけるだけで、単語の発音も変わらないでしょ（リエゾンして変化する場合もあり）。したがって、2つ以上を常に頼むのならば、欲しいものが男性名詞なのか女性名詞なのかを**知らなくてもいい**というわけ。しかし残念ながら、いつも2つ以上を頼むわけにはいかないというところが難点ですけれどね。

treize［トレーズ］ 13

04. 「これとこれも」
何種類も欲しいとき

((005))

欲しいものが **1種類ではない**ときは、さてどうしましょうか？

カフェオレ1杯とパン・オ・ショコラ1個。
Un café crème et un pain au chocolat.
［アン・カフェ・クレム・エ・アン・パン・オ・ショコラ］

洋ナシ2個、オレンジ3個とメロン1個。
Deux poires, trois oranges et un melon.
［ドゥー・ポワール、トロワ・ゾランジュ・エ・アン・ムロン］

クロワッサン1個、ショーソン・オー・ポム（アップルパイ）2個、バゲット1本、そしてエクレア2個。
Un croissant, deux chaussons aux pommes, une baguette et deux éclairs.
［アン・クロワサン、ドゥー・ショソン・オー・ポム、ユンヌ・バゲット・エ・ドゥー・ゼクレール］

欲しいものをただ羅列していけばいいわけですが、ここでちょっと文章っぽくしてみましょう。欲しいものが**2種類の場合**は、その2つを"et"でつなぎます。**3種類以上の場合**は、最後にだけ"et"を入れます。他に"et puis ［エ・ピュイ］（それから）"も同様に、欲しいものの羅列の間に挟むことができます。

Étape 1　単語で伝えましょう

05. 「〜ください」
もっとも簡単な頼み方

《《 006 》》

欲しいものの単語を言うだけで伝わるとはいえ、"Un café !" だけでは、何だか手持ち無沙汰な気がしますよね。そこで付け加えると立派な文になってしまうという魔法の一言。

> 〜ください。
> **欲しいもの, + s'il vous plaît.**
> ［〜、+シル・ヴ・プレ］

フランス語をまったく知らない人でも、この「シル・ヴ・プレ」は聞いたことがあるのではないでしょうか？ **接続詞** "si ［スィ］（もし〜ならば）" と **動詞** "plaire ［プレール］（〜の気に入る）" を使って「あなたの気に入るならば」というニュアンス。とにもかくにも欲しいものの単語にくっつけてしまうだけで、何でもお願いができます。

コーヒー1杯ください。
Un café, **s'il vous plaît**.
［アン・カフェ、シル・ヴ・プレ］

りんご3個ください。
Trois pommes, **s'il vous plaît**.
［トロワ・ポム、シル・ヴ・プレ］

ものを買う時だけでなく、いろんな場面で使えるのがこの "s'il vous plaît"。

お勘定お願いします。
L'addition, **s'il vous plaît**.
［ラディション、シル・ヴ・プレ］

モンパルナス駅へお願いします！
A la gare Montparnasse, **s'il vous plaît** !
［ア・ラ・ガール・モンパルナス、シル・ヴ・プレ］

お勘定をお願いしたり、タクシーで行き先を告げるときなどにも重宝するため、何か頼みたいことがあったら、"s'il vous plaît" でお願いしましょう。

16 │ seize ［セーズ］

声を掛けてみましょう

(((007)))

誰かに声を掛けるときはいろんな言い方ができます。カフェやレストランで注文をする時や、道で何かを尋ねたい時など、以下の言葉を使って気軽に話しかけてみてはいかがでしょう？

すみません。
Excusez-moi.
［エクスキューゼ・モワ］

すみません。
Pardon.
［パルドン］

お願いします。
S'il vous plaît.
［シル・ヴ・プレ］

(男性に向かって) お願いします。
Monsieur.
［ムスィユー］

(女性に向かって) お願いします。
Madame.
［マダム］

(若い女性に向かって) お願いします。
Mademoiselle.
［マドモワゼル］

dix-sept［ディ・セット］ | 17

Étape 2 　文章で伝えましょう

06. 「〜が欲しいです」
文を作ってみましょう

〜が欲しいです。（平叙文）
主語 + 動詞 + 欲しいもの（直接目的語）

Je voudrais ……

いままでの例文はほぼ単語だけで話せるわけですが、いつまでも「シル・ヴ・プレ」を使っていても始まらないので、そろそろ文章を作ってみましょう。フランス語が日本語ともっとも違う部分は、もちろんたくさんあるのですが、まずは話の**主体を明確にする**ところ。文を作るには**主語**から始めます。そして次に来るのは**動詞**。さらに今回の場合ならば、最後に「欲しいもの（冠詞＋名詞）」の**直接目的語**が続きます。

dix-neuf［ディズ・ヌフ］| 19

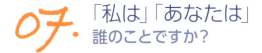

07. 「私は」「あなたは」誰のことですか？

((008))

まずはフランス語の主語を見てみましょう。自分のことを話すならば「私は」、相手のことを話すならば「あなたは」、第3者のことを話すならば「彼は」など、文には必ず主語人称代名詞をつけなくてはいけません。

```
私は        je [ジュ]
私たちは    nous [ヌ]
私たちは    on [オン] (←不定代名詞)
```

これらは話し手である1人称です。一般的な文法書では主語人称代名詞のページで紹介されない"on"ですが、文法上では異なる分類であっても、実際話す場面では主語と同じようによく使われる単語。複数形"nous"が「私とあなたの限定的な私たち」ならば、"on"は「世間一般の不特定な私たち」という違いが厳密にはあります。したがって不定代名詞。でも、"nous"の代用として"on"で話せば後に続く動詞の活用形が3人称単数と同じ扱いになり、"nous"のややこしい活用形を使わなくていいという簡易さがあるのです。だからみんな、"on"を気軽に使ってしまうのでしょう。

```
君は               tu [テュ]
あなたは           vous [ヴ]
あなた(君)たちは   vous [ヴ]
```

フランス語の2人称は2通りの言い方があります。親しい相手に話しかける"tu"、初めて会う人や目上の人に話しかける"vous"。したがって"vous"で話せば、丁寧な言葉遣いになります。ただし、この"vous"は複数形としても使われることに要注意。例えば子供たち数人に呼びかける時も"vous (君たち)"になるわけです。

3人称は男性か女性かによっても形が変わってきます。**複数形**は語尾に"s"をつけるだけで、**発音は変わらない**のでご安心を（続く動詞とリエゾンすると変わります）。ちなみに女性の中に男性がひとりでもいれば、"ils"、男性の中に女性がひとりいても同じく"ils"となることも覚えておきましょう。また人だけでなく、男性名詞、女性名詞や複数形のものも指すことができます。**単数形**"il"は**非人称主語**として、天気（☞ P.122）や時間（☞P.110）を言うことも出来るので日常的によく使う単語です。

これらの主語ですが、話の主体を明確にするというだけでなく、この後に続く**動詞の活用形**を決めるのに大切なアイテムなのです。これがフランス語のさらにやっかいなところ。でも、**単数形**"je、tu、il（elle）＋ on"の多くの活用形は綴りが異なっても**発音は同じ**なのでご心配なく。さらにもし旅行者ならば、実際よく使うのは、"je、vous、il"というところでしょう。「わぁ、最初から難しすぎる！」と投げ出さずに、最低限、この3つから覚えてみてはいかがでしょうか？

Etape 2 　文章で伝えましょう

08. 「〜が欲しいのですが」 《009》
やさしく頼んでみましょう

> 〜が欲しいのですが。
> ## Je voudrais + 欲しいもの（直接目的語）.
> ［ジュ・ヴドレ＋〜］

この "voudrais"、聞いたことがある人も多いと思いますが、動詞 "vouloir [ヴロワール]（〜したい）" の条件法という訳の分からない形。「もしできれば〜」というニュアンスが隠れているわけですが、条件法は何とやらと考えるよりも、とにかく"やさしくお願いできる" と覚えておきましょう。

例えば、

コーヒー 1 杯が欲しい。
Je veux un café. ［ジュ・ヴ・アン・カフェ］

と、現在形 "veux" で言うよりも、

コーヒー 1 杯が欲しいのですが。
Je voudrais un café. ［ジュ・ヴドレ・アン・カフェ］

と、条件法 "voudrais" と言った方がやさしいでしょ。

もちろん、尋ねる時または尋ねられる時は現在形で、

コーヒー 1 杯が欲しいですか？
Vous voulez un café ? ［ヴ・ヴレ・アン・カフェ］

答える時も現在形でも OK です。

えぇ、とても欲しいです。
Oui, je veux bien. ［ウィ、ジュ・ヴ・ビヤン］

この "bien [ビヤン]" は意味を強める副詞。

22 ｜ vingt-deux ［ヴァント・ドゥー］

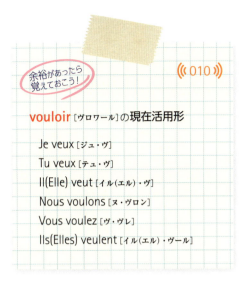

コーヒー1杯が欲しい？

Tu veux un café ? [テュ・ヴ・アン・カフェ]

ううん、紅茶1杯が欲しいのだけれど。

Non, je voudrais un thé. [ノン、ジュ・ヴドレ・アン・テ]

とやんわり答えることもできます。

したがって**条件法** "voudrais" を使うのは、自分から**やさしくお願いしたい時**が主だということです。他の人称の場合などは気にせず、"Je voudrais" のひと括りでまずは覚えておきましょう。

❗ この発音に注意！ 《e、é、è、ê》　(((011)))

- 語末にくる "e" は発音されませんが、常に小さく [ｩ] がつく感じです。
  table [tabl ターブル]、crème [krɛm クレム]、salade [salad サラド]
- 語中の "e" で終わる音節は [ə ｳ] または発音しません。唇を丸く突き出し、舌を前寄りにして発音。
  ceci [səsi ススィ]、première [prəmjɛːr プルミエール]、petit [p(ə)ti プティ]、avenue [avny アヴニュ]、mademoiselle [madmwazɛl マドモワゼル]
- 子音字の前にくる "e" は [e エ]、[ɛ エ]。[e] は、唇を左右に引き、舌先を下前歯に押し付けて発音し、[ɛ] は口を上下に広く開け、舌を前寄りにして発音しますが、違いを特に気にしなくてもOK。
  des [de デ]、manger [mɑ̃ʒe マンジェ]、et [e エ]、
  elle [ɛl エル]、avec [avɛk アヴェク]、excuser [ɛkskyze エクスキュゼ]
- アクサン記号のついた "é、è、ê" は [e エ]、[ɛ エ] と発音。
  métro [metro メトロ]、chèvre [ʃɛːvr シェーヴル]、être [ɛtr エトル]

---

vingt-trois [ヴァント・トロワ] | **23**

Étape 2　文章で伝えましょう

((012))

後ろにつける、「欲しいもの」の<u>直接目的語</u>はそのつど変えていきます。<u>直接目的語</u>とは、<u>動詞</u>に<u>前置詞なし</u>で"直接"くっつき、<u>意味を補う目的語</u>のこと。したがって、"Je voudrais"の後ろにつける「欲しいもの」はすべて<u>直接目的語</u>になります。

地下鉄のパス・ナヴィゴ1枚が欲しいのですが。
　　Je voudrais **un passe Navigo**. ［ジュ・ヴドレ・アン・パス・ナヴィゴ］

バゲット1本が欲しいのですが。
　　Je voudrais **une baguette**. ［ジュ・ヴドレ・ユンヌ・バゲット］

ヤギのチーズ2つが欲しいのですが。
　　Je voudrais **deux fromages de chèvre**.
　　［ジュ・ヴドレ・ドゥー・フロマージュ・ドゥ・シェーヴル］

Je voudrais deux fromages de chèvre.

24　vingt-quatre ［ヴァント・カトル］

あいまいなフランス語

《《013》》

イエスかノーかはっきりしない日本人とはよく言われる話ながら、常に自己主張をするフランス人だって、イエスかノーかをはっきり言いたくない時だってあります。

ビールが欲しい？
Tu veux de la bière ?
［テュ・ヴ・ドゥ・ラ・ビエール］

君がしたいならばいいよ。
Si tu veux.
［スィ・テュ・ヴ］

接続詞 "si ［スィ］（もし〜ならば）" を使った文。

どこに行きたいですか？
Vous voulez aller où ?
［ヴ・ヴレ・アレ・ウ］

あなたのお好きなように。
Comme vous voulez.
［コム・ヴ・ヴレ］

接続詞 "comme ［コム］（〜のように）" を使うこともできます。

この表現、イエスかノーかはっきり言いたくない時に使ってみてはいかが？

vingt-cinq ［ヴァント・サンク］　25

Etape 2　文章で伝えましょう

09. 「～をもらいます」
欲しいものをもらいましょう

((014))

> ～をもらいます。
> **Je prends** + 欲しいもの（直接目的語）．
> ［ジュ・プラン+～］

動詞 "vouloir" とともによく使うのが動詞 "prendre［プラーンドル］（～を取る）"。条件法などにせずとも現在形のままで、「欲しいもの」の直接目的語を後ろにつければ、いろんなものを受け取ることができます。

コーヒー1杯をもらいます。

Je prends un café.
［ジュ・プラン・アン・カフェ］

セーター1枚をもらいます。

Je prends un pull.
［ジュ・プラン・アン・ピュル］

余裕があったら覚えておこう！

((015))

prendre［プラーンドル］の現在活用形

Je prends［ジュ・プラン］
Tu prends［テュ・プラン］
Il(Elle) prend［イル（エル）・プラン］
Nous prenons［ヌ・プルノン］
Vous prenez［ヴ・プルネ］
Ils(Elles) prennent［イル（エル）・プレンヌ］

> ❗ **この発音に注意!**　　　　　　　　　　　　　　　（（ 016 ））

《 ou、où、oû 》
- 唇を丸めて前に突き出し、舌を後ろに引いて奥で発音する[uゥ]。
  vous [vuヴ]、tout [tu トゥー]、bougie [buʒi ブジー]、pour [pur プール]、
  jour [ʒu:r ジュール]、tourner [turne トゥルネ]、boulevard [bulva:r ブールヴァール]、
  où [uゥ]、coûter [kute クテ]

《 eu 》
- 唇をすぼめ、舌先を下前歯の裏側に当てて発音する[øゥ]。
  deux [døドゥー]、délicieux [delisjø デリスィユー]
- [ø]よりも口を少し開き、舌先を下前歯の裏側に当てて発音する[œゥ]。
  fleur [flœ:r フルール]、déjeuner [deʒœne デジュネ]、heure [œ:r ウール]

さらに、**動詞** "prendre" は欲しいものをもらうだけでなく、日常的なさまざまな場面で使うことのできる単語でもあります。

コーヒーを飲みます。
Je prends du café.
［ジュ・プラン・デュ・カフェ］

朝食を取ります。
Je prends le petit déjeuner.
［ジュ・プラン・ル・プティ・デジュネ］

お風呂に入ります。
Je prends un bain.
［ジュ・プラン・アン・バン］

地下鉄に乗ります。
Je prends le métro.
［ジュ・プラン・ル・メトロ］

写真を撮ります。
Je prends une photo.
［ジュ・プラン・ユンヌ・フォト］

Je prends le métro.

「食べる」、「飲む」や乗り物に「乗る」など、旅行者でも使える文が作れるのでよく覚えておきたい動詞です。

vingt-sept［ヴァント・セット］　27

Etape 2　文章で伝えましょう

10. 「これ」「それ」「あれ」
名前が分からない！

((017))

欲しいものの名前が分かっていればいいのだけれど、覚えている単語はまだまだ少ないし、そのものが何という名前なのか分からない場合も多々ありますよね。そんな時の強い味方が**指示代名詞**と呼ばれるもの。その名の通り、**指差して使えばいい**のだから、こんなに簡単な言葉はないでしょう。

なんといっても**万能選手**は "ça"。何でもかんでも「サ」とだけ言っておけば通じるのだからすばらしいでしょう。もう少し変化をつけたい人は、**手前のもの**には "ceci"、**奥のものや離れたところにあるもの**は "cela" と使い分けてみることもできます。

これが欲しいのですが。
　Je voudrais ça.
　［ジュ・ヴドレ・サ］

これとそれをもらいます。
　Je prends ceci et cela.
　［ジュ・プラン・ススィ・エ・スラ］

これですか、それともそれ？
　Ceci ou cela ?
　［ススィ・ウ・スラ］

それをください。
　Cela, s'il vous plaît.
　［スラ、シル・ヴ・プレ］

接続詞 "ou [ゥ]" は「〜それとも〜」と2つ以上のものを並べて尋ねる時に使います。

~のような
Comme + 指示代名詞
[コム + ~]

こちらも使い勝手のいい言葉です。接続詞"comme [コム]"は「~のような」という意味でした。指示代名詞と一緒に欲しいものを指し示して「これみたいな」と言ったり、欲しい分量を手で示しながら「これぐらい」と言うこともできます。

このようなものが欲しいのですが。
Je voudrais comme ça.
[ジュ・ヴドレ・コム・サ]

このぐらいください。
Comme ça, s'il vous plaît.
[コム・サ、シル・ヴ・プレ]

このぐらいですか?
Comme ceci ?
[コム・ススィ]

はい、そうです。
Oui, c'est ça.
[ウィ、セ・サ]

上記のように、ほぼ指示代名詞で会話をすることもできるのです。

vingt-neuf [ヴァント・ヌフ] | 29

Étape 2 文章で伝えましょう

> ❗ **この発音に注意！** （((018)))
>
> 《 エリズィヨン *élision* 》
>
> **母音字**または**無音のh**で始まる単語の前が1音節で、"a、e、i"の**母音字で終わっている**場合、これらが省略され**アポストロフ**(')とともにくっつきます。この現象を**エリズィヨン**といい、発音も後の母音字とくっついた音になりますので気をつけましょう。
>
> le + après-midi → l'après-midi ［ラプレ・ミディ］
> la + eau → l'eau ［ロー］
> ce + est → c'est ［セ］
> je + habite → j'habite ［ジャビット］
> ne + en → n'en ［ナン］
> me + aider → m'aider ［メデ］
> si + il → s'il ［シル］

30 | trente ［トラーント］

11. 「これで全部です」
他に欲しいものはありません

(((019)))

お店などで欲しいものを頼むと決まって聞かれるこのセリフ。この**不定代名詞** "tout [トゥー]" は「すべて」という意味です。"C'est [セ]" は「それは〜です」ということ（☞ P.100）。これらは決まり文句なので、覚えていて損はないでしょう。

これで全部ですか？
C'est tout ?
［セ・トゥー］

これで全部です。
Oui, c'est tout.
［ウィ、セ・トゥー］

これで全部でしょうか？
Ce sera tout ?
［ス・スラ・トゥー］

これで全部でしょう。
Oui, ce sera tout.
［ウィ、ス・スラ・トゥー］

人によっては、**動詞** "être [エトル]" を**単純未来形** "sera" にして聞いてくる場合もあります。その場合はこちらも単純未来形にして答えてみましょう。もし他にも欲しいものがあるのならば、"non [ノン]" に続けて欲しいものを頼みます。

いいえ、それからいちごのタルトを1つください。
Non, et puis une tarte aux fraises, s'il vous plaît.
［ノン、エ・ピュイ・ユンヌ・タルト・オー・フレーズ、シル・ヴ・プレ］

trente-et-un ［トランテ・アン］ 31

Étape 2 文章で伝えましょう

これの他には？

Avec ceci ?
［アヴェク・ススィ］

前置詞 "avec ［アヴェク］" は「〜と一緒に」という意味。**指示代名詞** "ceci ［ススィ］" とともに使って「これと一緒に他には？」ということですね。"Avec ça ? ［アヴェク・サ］" と聞かれることも。

他に欲しいものがありますか？

Vous désirez autre chose ?
［ヴ・デズィレ・オートル・ショーズ］

動詞 "désirer ［デズィレ］" は「〜が欲しい」。**不定代名詞** "autre chose ［オートル・ショーズ］" は「別のもの」という意味で、**無冠詞**で使います。

いいえ、これで全部です。

Non, **c'est tout**.
［ノン、セ・トゥー］

❗ この発音に注意！　　　　　　　　　　　　　　　(((020)))

《 c 》
- "e、i、y" の前では [s ス]。舌先を下前歯の付け根につけて丸め、上前歯の裏側に近づけるようにして呼気を通す発音。
  ce [s(ə) ス]、ceci [səsi ススィ]
- その他の単語の前、語末では [k ク] と発音します。日本語のカ行に似た感じながら、"ca" は「キャ」と聞こえることも。
  café [kafe カフェ]、comme [kɔm コム]、avec [avɛk アヴェク]

《 ç 》
- "ç" は**セディーユ**（cédille）と呼ばれ、[s ス] と発音。
  ça [sa サ]、commerçant [kɔmɛrsɑ̃ コメルサン]

《 ch 》
- "c" と "h" が組み合わさると [ʃ シュ]。舌先を上歯茎の裏側に近づけ、唇を突き出して発音。[k ク] と発音する場合もあり。
  chose [ʃoːz ショーズ]、acheter [aʃte アシュテ]

---

32 ｜ trente-deux ［トラント・ドゥー］

Etape 2　文章で伝えましょう

12. 「どのくらいの量」が欲しいのですか？

((021))

P.26、27で出てきた例文の中で非常に似通った2文があるのにお気づきでしょうか？

動詞 "prendre [プラーンドル]" は「取る」、「飲む」とも両方の意味があるので、2文とも同じように使うことができます。すると2つの文の違いは "café" の前にある冠詞の違いだけ。さてこの違いはどこから来るのでしょう。

34 | trente-quatre [トラント・カトル]

"café"は**男性名詞**なので、「カップに入ったコーヒー1杯」とすると**不定冠詞**"un"になります。これは前のページで学びましたね。さて、この冠詞が変わると意味はどう変わってくるでしょう。

どのくらいかははっきりしないけれど、「いくらかの量（ゼロではない）がある」ことを表すのは**部分冠詞**。この場合は男性名詞のため、"de + le"が合わさって"du"の形になります。

量は問わず一般的な「コーヒーというもの」を表すのは、**定冠詞**の"le"です。また後に出てきますが、すでに話題に上ったものや、目の前にあるものを指して「その（特定の）〜」をいう言い方もできます（☞P.38）。こんな微妙な冠詞の違いですが、このくらいの意味の違いがあるのです。

Etape 2　文章で伝えましょう

《 022 》

他の例も見てみましょう。

グラス1杯の水
un verre d'eau [アン・ヴェール・ドー]
不定冠詞 "un" (verreにつく)

いくらかの水
de l'eau [ドゥ・ロー]
部分冠詞 "de la"

水というもの
l'eau [ロー]
定冠詞 "la"

"eau" は**女性名詞**ですが母音字で始まるため、冠詞とくっついて**エリズィヨン**します。またコーヒーとは異なり、「水1杯」は "une eau" とは言えず、入れ物も明記しなくてはいけません。"verre" は男性名詞なので**不定冠詞**は "un"。続く "d'eau" は**前置詞** "de" をつけて「水の入った」という意味です。したがってカフェなどで水をもらう時は、

水1杯ください。
Un verre d'eau, s'il vous plaît.
[アン・ヴェール・ドー、シル・ヴ・プレ]

水のカラフを1つください
Une carafe d'eau, s'il vous plaît.
[ユンヌ・カラフ・ドー、シル・ヴ・プレ]

いくらかの水が欲しいのですが。
Je voudrais **de l'eau**.
[ジュ・ヴドレ・ドゥ・ロー]

と、冠詞をつけないと "どういう水" が欲しいのか、伝わらないということです。

36　trente-six [トラント・スィス]

さらに次の例も見てみましょう。

"viande"も**女性名詞**ですが、水同様にどんな塊かを明記しなくてはいけません。"une tranche"で「薄く切った一切れ」、**前置詞**をつけた"de viande"は「肉の」という意味。

これらの名詞は、数えられない**不可算名詞**と言われるもの。コーヒーも水も液体ですからカップや瓶の中に入っていなければ、どのぐらいの量があるのか分かりませんよね。肉も一切れや部位など、どんな塊なのかを明記しなければ、状態が分かりません。そこで出てくるのが、名詞の前につく**不定冠詞**、**部分冠詞**、**定冠詞**の違い。

> **不定冠詞**はある単位にして数えられる状態にしたもの。
>
> **部分冠詞**ははっきりとした量は分からないけれど、若干量あるもの。
>
> **定冠詞**はある量は問わず、一般的な概念を表すもの。

3つの違いが分かりますか？ それぞれをしっかり理解できずとも、冠詞が1文字違うだけで**意味が変わってくる**ということを感覚的に覚えておきましょう。だからフランス語の冠詞は侮れないのです！

Etape 2　文章で伝えましょう

《《 023 》》

ややこしい不可算名詞から説明してしまいましたが、ここで数えられる**可算名詞**を考えてみると、非常にやさしい。先に出てきた例文で見比べてみましょう。

写真を撮ります。
Je prends **une photo**.
［ジュ・プラン・ユンヌ・フォト］

不定冠詞 "une"。"photo"は**女性名詞**ですから、もう不定冠詞はお分かりですね。この場合の "une" は「1枚」という数量ではなく、「ある1つの不特定な写真」という解釈です。

写真数枚を撮ります。
Je prends **des photos**.
［ジュ・プラン・デ・フォト］

不定冠詞複数 "des"。**可算名詞**のいくらかの量を表すのは複数形 "des" で、単語の語尾に複数の "s" がつきます。

エッフェル塔の写真を撮ります。
Je prends **la photo** de la tour Eiffel.
［ジュ・プラン・ラ・フォト・ドゥ・ラ・トゥール・エッフェル］

定冠詞 "la"。定冠詞は一般的な概念も表せるのですが、名詞の後ろに**前置詞** "de (〜の) " がつき、ものが特定された場合、「それしかないもの」と表すことができます。もちろん、"une (des) photo(s) de la tour Eiffel (エッフェル塔の写真1枚 (数枚)) " と言うことも可能です。

それらの写真をもらいます。
Je prends **les photos**.
［ジュ・プラン・レ・フォト］

定冠詞複数 "les"。定冠詞 "le、la、les" にはすでに話題に上ったものや、目の前にあるものを特定して指す、「それ」、「それら」という意味もあるのです。

38 ｜ trente-huit ［トランテュイット］

でも、これらは一般的な解釈で、さらにその時の**話の流れや、状況によってさまざまに使い分ける**のが**冠詞**というもの。冠詞ひとつといえども、いろいろな表現ができるのが分かりますよね。

〈 冠詞をまとめて見てみましょう 〉

	男性単数	女性単数	男女複数
不定冠詞	un [アン]	une [ユンヌ]	des [デ]
部分冠詞	du [デュ] (de l')	de la [ドゥ・ラ] (de l')	
定冠詞	le [ル]	la [ラ]	les [レ]

Je prends une photo.

Étape 2　文章で伝えましょう

13. 「〜したいのですが」
やりたいことを尋ねてみましょう

🔊 024

> 〜したいのですが。
> **Je voudrais** + **やりたいこと**（不定詞＋目的語）．
> ［ジュ・ヴドレ＋〜］

前述のやさしく頼める "Je voudrais" の文ですが、後ろに「やりたいこと」の**動詞**を持ってくることもできます。この動詞は**不定詞**と呼ばれる**動詞の原形**なので、活用形など考えずにそのままくっつけてしまえばいいだけ。さらにその後ろに「やりたいこと」や「行きたい場所」をつなげていきます。では、旅行中の主にやりたいことを見てみましょう。

Je voudrais prendre un bateau.

> ～を取りたいのですが。
> **Je voudrais prendre ＋ 欲しいもの**(直接目的語).
> [ジュ・ヴドレ・プラーンドル＋～]

すでに学んだ2つの主要**動詞**、"vouloir[ヴロワール]" と"prendre[プラーンドル]" をつなげるだけで、もう大抵のことを尋ねることができます。続く「欲しいもの」は、**定冠詞**をつけて"～というもの"、または**不定冠詞**をつけて"ある1つの～"とします。

朝食を取りたいのですが。
Je voudrais **prendre** le petit déjeuner.
[ジュ・ヴドレ・プラーンドル・ル・プティ・デジュネ]

遊覧船に乗りたいのですが。
Je voudrais **prendre** un bateau.
[ジュ・ヴドレ・プラーンドル・アン・バトー]

他にも**動詞** "manger[マンジェ](食べる)"、"boire[ボワール](飲む)"、"acheter[アシュテ](買う)" をつなげれば、いろいろなやりたいことを頼むことができます。これらの動詞は"食べる(飲む)量"や"買う量"が限られるため**不定冠詞**、**部分冠詞**を「欲しいもの」につけるのが一般的。

魚が食べたいのですが。
Je voudrais **manger** du poisson.
[ジュ・ヴドレ・マンジェ・デュ・ポワソン]

ワインが飲みたいのですが。
Je voudrais **boire** du vin.
[ジュ・ヴドレ・ボワール・デュ・ヴァン]

スカーフ1枚を買いたいのですが。
Je voudrais **acheter** un foulard.
[ジュ・ヴドレ・アシュテ・アン・フラール]

quarante-et-un [カランテ・アン] | 41

Étape 2　文章で伝えましょう

《025》

~に行きたいのですが。
Je voudrais aller＋à 行きたい場所(名詞).
［ジュ・ヴドレ・アレ＋ア・～］

動詞 "aller [ァレ] (行く)" もよく使う単語ですが、「~に」という意味の**前置詞** "à" を「行きたい場所」の前に付け加えなくてはいけません。さらにこの "à" は、行きたい場所の名前が男性名詞か女性名詞によって、**定冠詞とつながり変化する**ので気をつけてください。

パリに行きたいのですが。
Je voudrais aller à Paris.
［ジュ・ヴドレ・アレ・ア・パリ］

都市名などの**固有名詞**は**無冠詞**で変化なしです。

ルーヴル美術館に行きたいのですが。
Je voudrais aller au musée du Louvre.
［ジュ・ヴドレ・アレ・オ・ミュゼ・デュ・ルーヴル］

男性名詞は "à＋le" で "au" になります。"le musée du Louvre" の "du" は "**前置詞** de (~の)＋le" の縮約形。

サン・ラザール駅に行きたいのですが。
Je voudrais aller à la gare Saint-Lazare.
［ジュ・ヴドレ・アレ・ア・ラ・ガール・サン・ラザール］

女性名詞はそのまま "à la"。

サン・スュルピス教会に行きたいのですが。
Je voudrais aller à l'église Sant-Sulpice.
［ジュ・ヴドレ・アレ・ア・レグリーズ・サン・スュルピス］

母音字または**無音の h** 始まりの名詞は "à l'"。

42　quarante-deux［カラント・ドゥー］

フランスに行きたいのですが。

Je voudrais **aller en** France.
［ジュ・ヴドレ・アレ・アン・フランス］

国名や地域名の**女性名詞**、母音字ではじまる**男性名詞**（例外もあり）は "en"。

バスク地方に行きたいのですが。

Je voudrais **aller dans le** pays basque.
［ジュ・ヴドレ・アレ・ダン・ル・ペイ・バスク］

地域名が**男性名詞**の場合は "**前置詞** dans + le" を使うことがあります。

シャンゼリゼ大通りに行きたいのですが。

Je voudrais **aller aux** Champs-Elysées.
［ジュ・ヴドレ・アレ・オー・シャンゼリゼ］

複数名詞は "à + les" で "aux" です。

他にも**動詞** "visiter［ヴィズィテ］（見学する）"、"voir［ヴォワール］（見る）" などをつなげれば、行きたい場所や見たいものを尋ねることができます。

ヴェルサイユ宮殿を見学したいのですが。

Je voudrais **visiter** le château de Versailles.
［ジュ・ヴドレ・ヴィズィテ・ル・シャトー・ドゥ・ヴェルサイユ］

ピカソの絵が見たいのですが。

Je voudrais **voir** le tableau de Picasso.
［ジュ・ヴドレ・ヴォワール・ル・タブロー・ドゥ・ピカソ］

quarante-trois［カラント・トロワ］ 43

Chapitre 2

尋ねたいことを聞いてみましょう

初めは「はい」か「いいえ」で答えをもらえる疑問文から作ります。
基本的に返事は2つのうち1つなので、気軽に尋ねてみましょう。
でもそれだけでは聞けないこともやっぱり出てくるもの。
段階を追って複雑な疑問文になりますが、
少しずつ理解していけば大丈夫！

| Etape 1 | はい、いいえで答える疑問文 |

01. 「〜ですか？」
疑問文を作ってみましょう

((026))

フランス語では**3種類**の疑問文が作れます。

1）普段の会話で多く使われる、
　　平叙文のままで語尾を上げて尋ねる形。

主語 + 動詞 + 目的語？

2）"Est-ce que" を文頭に持ってきて後ろに平叙文をつなげ、
　　語尾はそのままの形。

Est-ce que + 主語 + 動詞 + 目的語？
［エ・ス・ク＋〜］

3）主語と動詞を倒置して"-（トレ・デュニオン）"でつなげ、
　　語尾はそのままの形。

動詞-主語 + 目的語？

1）は平叙文のままでいいので、問題はありませんね。2）は "Est-ce que" の後ろに平叙文をつければいいだけなので簡単ですが、文が長くなって重い感じがするのであまり好まれません。できるだけ**短く話す方**がきれいなフランス語として聞こえがいいようです。3）は主語と動詞を入れ替える、**正しい疑問文**の形です。ただし、話し言葉としてはあまり使われず、書き言葉で使われます。本書では**会話でよく使われる**1）の疑問文を中心に紹介していきます。フランス語を話すのに余裕が出てきたら、がんばって3）の疑問文を作ってみてくださいね。

quarante-cinq［カラント・サンク］ | 45

Etape 1　はい、いいえで答える疑問文

02. 「～はありますか？」
探しものを尋ねてみましょう

> ～はありますか？
> ## Vous avez ＋ 探しもの（直接目的語）？
> ［ヴザヴェ＋～］

動詞 "avoir [アヴォワール]" は使用頻度が高い単語なので、必ず覚えておきたいものですが、まずは基本的な「持つ」という意味から。もし、お店などで探しているものがあれば、お店の人 "vous" に「～を持っていますか？」という形で質問してみましょう。

ポストカードはありますか？
Vous avez des cartes postales ?
［ヴザヴェ・デ・カルト・ポスタル］

オレンジジュースはありますか？
Vous avez du jus d'orange ?
［ヴザヴェ・デュ・ジュ・ドランジュ］

発音は**リエゾン**が起こり、"vous‿avez [ヴザヴェ]" になることに注意。

マカロンはありますか？
Avez-vous des macarons ?
［アヴェ・ヴ・デ・マカロン］

この倒置した形は、日常的に使います。

46　quarante-six [カラント・スィス]

> ～はありますか？
> **Il y a** + 探しもの（直接目的語）？
> [イリヤ+～]

こちらもよく使われる言葉なので、ひと括りで覚えてしまいましょう。"Il y a [イリヤ]"と発音が**アンシェヌマン**することに注意。**非人称** "il" に**副詞的代名詞** "y" (☞ P.148)、"a" は**動詞** "avoir" の **3人称単数**の活用形で「～がある」という意味です。もちろんお店などでも使えますが、こちらの方は聞く相手には無関係な場所や建物などを尋ねることができます。

ろうそくはありますか？
Il y a des bougies ?
［イリヤ・デ・ブジー］

レンタル自転車はありますか？
Il y a une location de vélo ?
［イリヤ・ユンヌ・ロカスィヨン・ドゥ・ヴェロ］

郵便局はありますか？
Y a-t-il une poste ?
［イ・ア・ティル・ユンヌ・ポスト］

"Il y a [イリヤ]" を**倒置する**と "Y a-t-il [イ・ア・ティル]" と "t" が入ることに注意。

❗ **この発音に注意!**　　　　　　　　　　　　　（(027))
《 アンシェヌマン enchaînement 》
リエゾン (☞ P.48) に対して、語末の本来**発音される子音字**が、その後ろに続く**母音字**または**無音のh**とつながることを**アンシェヌマン**と言います。

il est [イレ]、elle est [エレ]、il y a [イリヤ]、il y en a [イリヨナ]、j'en ai [ジャネ]、
n'en avez [ナナヴェ]、un euro [アン・ニューロ]、huit euros [ユイッテューロ]、
quel est [ケレ]、quelle est [ケレ]、cet hôtel [セ・トテル]、
cet après-midi [セ・タプレ・ミディ]

---

quarante-sept ［カラント・セット］ 47

Étape 1   はい、いいえで答える疑問文

❗ この発音に注意！   ((028))

《 リエゾン liaison 》

フランス語では単語の語末の子音字を発音しない場合が多いのですが、文章になるとこの**発音しない子音字**が、その後ろに来る**母音字**または**無音のh**とつながって**発音される**ようになります。これを**リエゾン**と言います。

● 主語人称代名詞 "vous、nous、ils(elles)" は母音字または無音のh始まりの動詞と必ずリエゾンします。この語末の "s" は濁音になることに注意。

vous avez [ヴザヴェ]、vous êtes [ヴゼット]、vous allez [ヴザレ]、
vous habitez [ヴザビテ]、nous avons [ヌザヴォン]、ils ont [イルゾン]

● 主語と動詞を倒置した場合や疑問副詞の語末の "t" はリエゾンします。

est-elle [エ・テル]、est-il [エ・ティル]、faut-il [フォ・ティル]、dit-on [ディトン]、
comment allez [コマン・タレ]

● 不定冠詞、部分冠詞、指示形容詞の複数形は続く母音字または無音のh始まりの名詞とリエゾンします。この語末の "s" も濁音に。

des abricot [デ・ザブリコ]、ces herbes [セ・ゼルブ]

● 数詞＋名詞、数詞＋時間、数詞＋年齢、数詞＋数詞などもリエゾンしますが、語末の子音字によって発音がそれぞれ変化しますので要注意。

deux éclairs [ドゥー・ゼクレール]、trois heures [トロワ・ズゥール]、
vingt-neuf ans [ヴァント・ヌヴァン]、dix-huit [ディズユイット]

● 副詞＋形容詞もリエゾンします。

très aimable [トレ・ゼマーブル]

● 語末の "d" はリエゾンすることで "t" と発音されるようになります。

quand est [カン・テ]

● 動詞 "être" の後や助動詞＋過去分詞、否定形のpasの後などは人によってリエゾンしない場合もあります。

c'est un [セタン]、c'est à [セタ]、pas encore [パ・ザンコール]、
je suis allé [ジュ・スュイ・ザレ]、nous sommes ici [ヌ・ソム・ズィスィ]

リエゾンやアンシェヌマン（☞P.47）によって**単語がつながったように発音**することで、フランス語らしい**美しく流れるような言葉**ができるというわけ。さまざまな規則があって一見難しそうですが、フランス語に慣れることで自然に覚えられるので大丈夫です！

---

48   quarante-huit [カランテュイット]

03. 「はい」「いいえ」
答えを聞いてみましょう

(((029)))

フランス語の「はい」、「いいえ」はご存知の方も多いでしょう。

では、前述の疑問文の「〜はありますか？」の返事を考えてみましょう。**動詞** "avoir [ァヴォワール]" を使って尋ねている時は、返事も "avoir" を使って返ってくるのが基本です。

えぇ、それはあります。
Oui, j'en ai.
[ウィ、ジャネ]

いいえ、それはありません。
Non, je **n**'en ai **pas**.
[ノン、ジュ・ナネ・パ]

話し言葉では否定文を作る "ne 〜 pas (〜ない)" (☞ P.54) の最初の "ne" を省略することが多いです。たぶん、以下の言い方も耳にすることでしょう。

いいえ、それはありません。
Non, j'en ai **pas**.
[ノン、ジャネ・パ]

発音が**エリズィヨン**、**アンシェヌマン**することに注意。"j'en_ai [ジャネ]"、"n'en_ai [ナネ]" です。

quarante-neuf [カラント・ヌフ] | 49

Etape 1 　はい、いいえで答える疑問文

"il y a [イリヤ]" で聞いている場合も、同様に "il y a" で返事ができます。

えぇ、それがあります。

Oui, il y en a.
[ウィ、イリヤナ]

いいえ、それはありません。

Non, il n'y en a pas.
[ノン、イル・ニヤナ・パ]

これも話し言葉では "il" と "ne" を省略することが多いです。

いいえ、それはありません。

Non, y en a pas.
[ノン、ヤナパ]

こちらも発音が**エリズィヨン、アンシェヌマン**します。"il y en a [イリヤナ]"、"n'y en a [ニヤナ]"。なかなか難しいですね。

❗ この発音に注意！　　　　　　　　　　　　　　　　(((030)))

《 en、em 》
- 舌を後ろに引き、奥のほうで発音する、鼻にかかった[ãアン]。[アン]と[オン]の中間の音。まれに[ɛアン]の発音もあり。
  en [ãアン]、gentil [ʒãti ジャンティ]、temps [tã タン]、employé [ãplwaje アンプロワイエ]

《 an、am 》
- こちらも鼻にかかった[ãアン]。
  an [ãアン]、anglais [ãglɛ アングレ]、Champs-Elysées [ʃãzelize シャンゼリゼ]

《 in、im 》
- 口を広く開け、鼻にかけて発音する[ɛアン]。
  matin [matɛ マタン]、vin [vɛ ヴァン]

《 un、um 》
- 唇を丸めて鼻にかける[œアン]
  un [œアン]、lundi [lœdi ランディ]、parfum [parfœ パルファン]

《 ain、aim 》
- 口を広く開け、鼻にかけて発音する[ɛアン]。
  pain [pɛ パン]、train [trɛ トラン]、demain [d(ə)mɛ ドゥマン]

《 on、om 》
- 口をすぼめて鼻にかけて発音する[ɔオン]。
  bon [bɔ ボン]、pardon [pardɔ パルドン]、comprendre [kɔprã:dr コンプラーンドル]

---

50 | cinquante [サンカーント]

04. 「それを」「それらを」
代用する言葉で置き換えましょう

《 031 》

ここで新しい**中性代名詞** "en [アン]" が出てきました。これはどういう意味があるのでしょうか？

ペンがありますか？
Vous avez des stylos ?
［ヴザヴェ・デ・スティロ］

えぇ、いくつかのペンがあります。
Oui, j'ai des stylos.
［ウィ、ジェ・デ・スティロ］

えぇ、それらがあります。
Oui, j'en ai.
［ウィ、ジャネ］

des stylos = "en"

いいえ、ペンがありません。
Non, je n'ai pas de stylos.
［ノン、ジュ・ネ・パ・ドゥ・スティロ］

いいえ、それがありません。
Non, je n'en ai pas.
［ノン、ジュ・ナネ・パ］

de stylos = "en"

フランス語では同じ言葉を繰り返すのを嫌います。ここで言うならば "des stylos" のことを話題にしているのですから、「それら」を指す**中性代名詞** "en" で置き換え、動詞の前に入れます。では次の場合はどうでしょう？

cinquante-et-un ［サンカンテ・アン］ | 51

> Étape 1　はい、いいえで答える疑問文

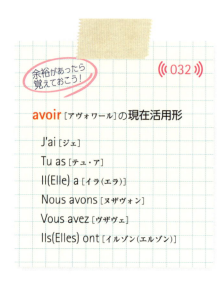

ペンを1本持っている？
Tu as **un stylo** ?
［テュ・ア・アン・スティロ］

うん、それを1本持っているよ。
Oui, j'**en** ai **un**.
［ウィ、ジャネ・アン］

un stylo = "en"

前述の文は "des stylos" で、1本でも複数でも構わず、**不特定のペンがあるかどうか**を聞いているのに対し、後述の文は "un stylo" で、**不特定のペン1本があればいい**、あれば1本買いたい、または1本借りたいというニュアンスがあるということです。これらの場合は文末に数量をつけて答えることもあります。

(あなたの) パスポートはありますか？
Avez-vous **votre passeport** ?
［アヴェ・ヴ・ヴォトル・パスポール］

ええ、それを持っています。
Oui, je l'ai.
［ウィ、ジュ・レ］

votre passeport = "le"

所有形容詞 "votre ［ヴォトル］ (あなたの〜)" をつけた**特定のもの**を示す場合です。「パスポート」は**男性名詞**なので、**補語人称代名詞** "le" で置き換えます (☞P.72)。この "le" は代用する名詞が女性 "la" か複数 "les" かでも変わってきます (☞P.65、86、157)。

52　cinquante-deux ［サンカント・ドゥー］

> 中性代名詞 "en" で代用できるのは、
> 部分冠詞・不定冠詞＋名詞や否定の冠詞（☞ P.55）＋名詞の「不特定のものや人」。
>
> 補語人称代名詞 "le、la、les"（☞ P.72）で代用できるのは、
> 定冠詞＋名詞や所有形容詞・指示形容詞＋名詞の「特定のものや人」。

また、**中性代名詞 "en"** は "de ＋ **不定詞**" も代用できることや（☞ P.74）、**補語人称代名詞 "le"** とは異なる**中性代名詞 "le"** は、"**不定詞**" を代用できること（☞ P.74, P.158）も、それとなく覚えておいてください。この**中性代名詞 "le"** は、女性、複数形などで**変化はありません**。

05. 「〜ないです」否定文を作りましょう

((033))

前回で否定の表現が出てきたので、次に**否定文**の作り方を見てみましょう。

否定文は"ne"と"pas"で**動詞**を挟みます。いままで出てきた動詞で例文を作ってみると、

バスには乗りません。
Je **ne** prends **pas** le bus.
［ジュ・ヌ・プラン・パ・ル・ビュス］

コーヒーは欲しくないです。
Je **ne** veux **pas** de café.
［ジュ・ヌ・ヴ・パ・ドゥ・カフェ］

前述したように話し言葉では"ne"を省略してしまうことが多いです。

小銭がありません。
J'ai **pas** de monnaie.
［ジェ・パ・ドゥ・モネ］

否定文を作るのはそんなに難しくないですよね。でも、ここで問題は**冠詞の使い方**。「le bus（バスというもの）"には乗らない」というのは分かりますよね。その後の"de café"、"de monnaie"の"de"は何でしょう？

ここでもう一度、「〜はありますか？」の文を見てみたいと思います。

ヤギのチーズはありますか？

Vous avez **du** fromage de chèvre ?
［ヴザヴェ・デュ・フロマージュ・ドゥ・シェーヴル］

近くに地下鉄の駅はありますか？

Il y a **une** station de métro près d'ici ?
［イリヤ・ユンヌ・スタスィヨン・ドゥ・メトロ・プレ・ディスィ］

「あるか」を聞くのですから、尋ねる側としてはそれが「ある」ことを前提にしています。したがってここで使われる冠詞は、**部分冠詞**か**不定冠詞**をつけるのが一般的です。しかし、その返事が「ない」というならば、少しでも「ある」という意味合いがある部分冠詞や不定冠詞は使えません。「何もない」という**否定の冠詞** "de" をつけます。

いいえ、ヤギのチーズはありません。

Non, je n'ai pas **de** fromage de chèvre.
［ノン、ジュ・ネ・パ・ドゥ・フロマージュ・ドゥ・シェーヴル］

いいえ、それはありません。

Non, je n'**en** ai pas.
［ノン、ジュ・ナネ・パ］

"de fromage de chèvre" が、**中性代名詞** "en" に置き換わるというわけです。"de chèvre"の "de" は**前置詞**ですので冠詞と混同しないように！

いいえ、地下鉄の駅はありません。

Non, il n'y a pas **de** station de métro.
［ノン、イル・ニヤ・パ・ドゥ・スタスィヨン・ドゥ・メトロ］

でもフランス国鉄の駅があります。

Mais il y a **une** gare SNCF.
［メ・イリヤ・ユンヌ・ガール・エス・エヌ・セー・エフ］

もし "en" に置き換えずに、返事が返ってきた場合は、続きがある可能性があります。"Il y a" の否定文は "Il n'y a pas"。

cinquante-cinq［サンカント・サンク］ 55

Etape 1　はい、いいえで答える疑問文

((034))

もうひとつ例文を見てみましょう。

時間が分かりますか？
Vous avez **l'heure** ?
［ヴザヴェ・ルゥール］

「時間が分かりますか？」の文は、「時計を持っているか？」という意味合いです。もし、これが「時間がありますか？」という質問ならばどうなるでしょうか？ フランス語には**女性名詞** "heure [ゥール] (時間、時刻) "と**男性名詞** "temps [タン] (時間、時) "の2つの表現があります。

時間がありますか？
Avez-vous **du temps** ?
［アヴェ・ヴ・デュ・タン］

えぇ、時間があります。
Oui, j'ai **du temps**.
［ウィ、ジェ・デュ・タン］

いいえ、時間がありません。
Non, je n'ai pas **de temps**.
［ノン、ジュ・ネ・パ・ドゥ・タン］

ここでも「いくらかある」という**部分冠詞**と「何もない」という**否定の冠詞**の違いが見られますね。ただし**定冠詞**がつく場合もあります。

買い物をする時間がない。
Je n'ai pas **le temps de** faire les courses.
［ジュ・ネ・パ・ル・タン・ドゥ・フェール・レ・クルス］

"le temps de +**不定詞**"で「～する時間」という意味ですが、このように特定された時間のことを指す場合は**定冠詞のまま**だということも覚えておきましょう。"faire les courses [フェール・レ・クルス]"は「日常的な買い物をする」です。

56 ｜ cinquante-six ［サンカント・スィス］

06. 「もうない」「何もない」「しかない」
いろいろな " ない " を覚えましょう　　🔊 035

否定文にしても "ne 〜 pas" だけを常に使うとは限りません。

さっきまであったのだけれど「**なくなってしまった**」、さっきまでしていたのだけれど「**もうしない**」という言い方です。

ステーキはもうありません。
Je **n'**ai **plus** de steak.
［ジュ・ネ・プリュ・ドゥ・ステク］

もう食べません。
Je **ne** mange **plus**.
［ジュ・ヌ・マンジュ・プリュ］

それはもうありません。
Y'en a **plus**.
［ヤナ・プリュ］

最後の文は "Il n'y en a plus.［イル・ニヤナ・プリュ］" の省略形ですね。

Étape 1　はい、いいえで答える疑問文

最初から「**何もない**」ならばこちらを使います。

食べるものは何もありません。
Il **n'y a rien** à manger.
［イル・ニヤ・リヤン・ナ・マンジェ］

"Il n'y a rien à ＋**不定詞**"で「〜すべきものは何もない」です。

何も食べないのですか？
Vous **ne** mangez **rien** ?
［ヴ・ヌ・マンジェ・リヤン］

何もいりません。
Je **ne** prends **rien**.
［ジュ・ヌ・プラン・リヤン］

58　cinquante-huit［サンカンテュイット］

「**これしかない**」というときの表現です。

本日の料理はひとつしかないのですか？
Vous **n'**avez **qu'**un plat du jour ?
［ヴ・ナヴェ・カン・プラ・デュ・ジュール］

レストランなどでよく見かける「本日のおすすめ料理」は "le plat du jour"。"du" は "**前置詞** de ＋ le" の形で「その日の」ということです。

モン・サン・ミッシェルに行くのに１日しかありません。
Il **n'**y a **qu'**une journée pour aller au Mont Saint-Michel.
［イル・ニヤ・キュンヌ・ジュルネ・プール・アレ・オ・モン・サン・ミシェル］

"que" の後の発音は**エリズィヨン**する場合があることを覚えておきましょう。"**前置詞** pour ［プール］＋**不定詞**" は「～するために」という意味です。

50サンチーム硬貨しかありません。
Je **n'**ai **que** des pièces de cinquante centimes.
［ジュ・ネ・ク・デ・ピエス・ドゥ・サンカント・サンティーム］

(アイスは) バニラ風味しかありません。
Je **n'**en ai **qu'**à la vanille.
［ジュ・ナネ・カ・ラ・バニーユ］

"à la vanille" の "**前置詞** à ＋**定冠詞**" は「～の入った、～風味の」という意味で "pain au chocolat ［パン・オ・ショコラ］ (チョコレート風味のパン) (☞P.14)"、"chaussons aux pomme ［ショソン・オー・ポム］ (りんご入りパイ) (☞P.14)" と同じ形です。

cinquante-neuf ［サンカント・ヌフ］ | 59

お礼と謝罪への返答の仕方　　((037))

ありがとう。
Merci.
[メルスィ]

多くの方がご存知でしょう、"merci"。何かをしてあげてお礼を言われたら、どう返事をすればいいのでしょう。返答の言葉はいろいろありますが、先に見た否定の表現が入ってきますよ。

どういたしまして。
Je vous en prie.
[ジュ・ヴザン・プリ]

動詞 "prier [プリエ]（〜を頼む）" を使い、「そうしてください」というニュアンスで承諾の意味になります。「どうぞ」という意味でも使えます。

どういたしまして。
De rien.
[ドゥ・リヤン]

どういたしまして。
Il n'y a pas de quoi.
[イル・ニヤ・パ・ドゥ・クワ]

"il y a de quoi [イリヤ・ドゥ・クワ]（〜する値打ちがある）" の否定文で、「お礼をされるほどではない」ということ。"Y'a pas de quoi.[ヤ・パ・ドゥ・クワ]"、"Pas de quoi.[パ・ドゥ・クワ]" など省略形で話されることが多いです。

60 | soixante [ソワサーント]

ごめんなさい。

Excusez-moi.
[エクスキューゼ・モワ]

「私を許してください」ということ。**動詞** "excuser [エクスキュゼ]" は「〜を許す」で話しかけるとき（☞P.17）にも使えますが、謝るときにも使えます。この場合の返事の仕方を見てみましょう。

たいしたことはありません。

Ce n'est pas grave.
[ス・ネ・パ・グラーヴ]

形容詞 "grave [グラーヴ]（重大な）" を否定文にして「重大ではない」。この場合も "ne" を省略して "C'est pas grave. [セ・パ・グラーヴ]" ということが多いです。"C'est [セ]" は「それは〜です」（☞P.100）。

何でもありません。

Ce n'est rien.
[ス・ネ・リヤン]

どうってことありません。

Ça ne fait rien.
[サ・ヌ・フェ・リヤン]

"ne 〜 rien" は「何もない」という意味でしたね。

soixante-et-un [ソワサンテ・アン] | 61

Étape 1　はい、いいえで答える疑問文

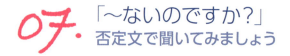

疑問文はすべて肯定文で聞かれるとは限りません。否定文で作った疑問文は**否定疑問文**といいます。倒置文での否定形の入れ方に注意。

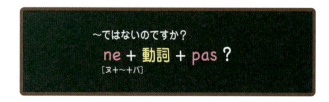

ペリエはないのですか？
Vous **n'**avez **pas** de Perrier ?
［ヴ・ナヴェ・パ・ドゥ・ペリエ］

はい、ありません。
Non, je **n'**en ai **pas**.
［ノン、ジュ・ナネ・パ］

チョコレートケーキはないのですか？
N'y a-t-il **pas** de gâteau au chocolat ?
［ニヤ・ティル・パ・ドゥ・ガトー・オ・ショコラ］

はい、ありません。
Non, il **n'**y en a **pas**.
［ノン、イル・ニヤナ・パ］

デザートを取らないのですか？
Ne prenez-vous **pas** un dessert ?
［ヌ・プルネ・ヴ・パ・アン・デセール］

はい、取りません。
Non, je **n'**en prends **pas**.
［ノン、ジュ・ナン・プラン・パ］

soixante-deux ［ソワサント・ドゥー］

この否定の返事はすでに学びました。が、**否定疑問文**に対して"non [ノン]"で返すということは、**肯定の返事**になるのです。とはいえこの場合、意味合いとしては肯定だったとしても、**否定文**であることは変わらないので、**頭は横に振って**返事をします。これが日本人にはなかなかできないこと。それでは、否定疑問文に対して**否定の返事**はどうすればいいのでしょうか？

いいえ、あります。
Si, j'en ai.
［スィ、ジャネ］

いいえ、あります。
Si, il y en a.
［スィ、イリヤナ］

いいえ、取ります。
Si, j'en prends.
［スィ、ジャン・プラン］

否定疑問文に対して**否定の返事**をするのには "si [スィ]" を使います。この場合は意味合いとしては否定だったとしても、**肯定文**であるわけですから、**頭は縦に振って**返事をするわけです。これは本当に慣れないと難しいです。

Étape 1　はい、いいえで答える疑問文

08. 「〜できますか？」
やりたいことを聞いてみましょう

((039))

```
〜できますか？
Je peux ＋ やりたいこと（不定詞＋目的語）？
［ジュ・プ＋〜］
```

動詞 "pouvoir [プヴォワール]（〜できる）" を使った文です。この後に動詞の原形である**不定詞**をくっつけるだけで、いろんなしたいことを尋ねることができます。

オルセー美術館に行くためにバスに乗ることはできますか？
　Je peux prendre le bus pour aller au musée d'Orsay ?
　［ジュ・プ・プラーンドル・ル・ビュス・プール・アレ・オ・ミュゼ・ドルセイ］

はい、73番線に乗ることができます。
　Oui, **vous pouvez** prendre le numéro soixante-treize.
　［ウィ、ヴ・プヴェ・プラーンドル・ル・ニュメロ・ソワサント・トレーズ］

この種類の疑問文は、もう問題はありませんね。尋ねる相手にもこっちが**何を望んでいるのか明らかに分かる場合**、例えばお店で試食用のものが置いてある場合、それを指差して "Je peux？ [ジュ・プ]（いいですか？）" とだけ尋ねることもできます。

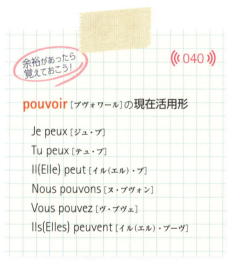

余裕があったら覚えておこう！

((040))

pouvoir [プヴォワール] の現在活用形

Je peux [ジュ・プ]
Tu peux [テュ・プ]
Il(Elle) peut [イル（エル）・プ]
Nous pouvons [ヌ・プヴォン]
Vous pouvez [ヴ・プヴェ]
Ils(Elles) peuvent [イル（エル）・プーヴ]

64　soixante-quatre [ソワサント・カトル]

この教会を見学することができますか？

Est-ce que **je peux** visiter cette église ?

［エ・ス・ク・ジュ・プ・ヴィズィテ・セッテグリーズ］

いいえ、現在それを見学することはできません。

Non, **on** ne **peut** pas actuellement la visiter.

［ノン、オン・ヌ・プ・パ・ザクテュエルマン・ラ・ヴィズィテ］

返答内の補語人称代名詞 "la" は "cette église" の代用です（☞P.72）。中性代名詞 "on" を使って「一般的な人々は見学できない」という意味になっています。こういった一般的な話題は "on" を使って尋ねることもできます。

この教会を見学することができますか？

Peut-on visiter cette église ?

［プトン・ヴィズィテ・セッテグリーズ］

このズボンを試着できますか？

Puis-je essayer ce pantalon ?

［ピュイ・ジュ・エセイエ・ス・パンタロン］

もちろん、それを試着できますよ

Bien sûr, **vous pouvez** l'essayer.

［ビヤン・スュール、ヴ・プヴェ・レセイエ］

この倒置疑問文は日常的によく使われる形。ただ、倒置すると "je" の活用形だけ "puis" に変わることに注意。まあ、"Peux-je" のままだったならば、何とも言いにくい文になってしまいますからね。動詞 "essayer [エセイエ]" は「〜を試す」という意味。返答内の補語人称代名詞 "l'" は "ce pantalon" の代用です（☞P.72）。

soixante-cinq［ソワサント・サンク］　65

Étape 1　はい、いいえで答える疑問文

09. 「この」「その」
指すものを明確にしましょう

((041))

さて、ここでまた新しい形の単語が出てきました。再び前述の例文を見てみましょう。

このズボンを試着できますか？

Puis-je essayer ce pantalon ?
［ピュイ・ジュ・エセイエ・ス・パンタロン］

その上の例文の"cette église"も同じことですが、この"ce"、"cette"は**指示形容詞**と呼ばれるものです。名詞の前につけて**目の前にあるもの**や**話題に上ったもの**などを「この〜」、「その〜」と指し示すことができます。つける名詞が男性、女性、複数によって**形が変化**しますのでご注意を。男性名詞のみ、母音字と無音のhで始まる単語には"cet"となることも覚えておきましょう。

❗ この発音に注意！　　　　　　　　　　((042))

〈 s 〉
- 語末の"s"は発音しません。複数形も同様。
  nous [nu ヌ]、trois [trwa トロワ]、pas [pɑ パ]、les [le レ]、pommes [pɔm ポム]
- 語頭にあるときは、舌先を下前歯の付け根につけて上面を丸め、上前歯の裏側に近づけるようにして呼気を通す[s ス]。
  soir [swaːr ソワール]、six [sis スィス]、sûr [syːr スュール]
- 母音字に挟まれた"s"は[z ズ]。リエゾンした際も同様だと覚えれば簡単。
  visiter [vizite ヴィズィテ]、église [egliːz エグリーズ]、vous‿avez [vuzave ヴザヴェ]

〈 ss 〉
- 2つ"s"が並ぶときは[s ス]。
  croissant [krwasɑ̃ クロワサン]、essayer [eseje エセイエ]

---

66 | soixante-six [ソワサント・スィス]

《 043 》

男性名詞につく場合
Ce [ス]　Cet [セット]

このコーヒー
Ce café [ス・カフェ]

このズボン
Ce pantalon [ス・パンタロン]

このホテル
Cet hôtel [セ・トテル]

Cet hôtel

女性名詞につく場合
Cette [セット]

この花
Cette fleur [セット・フルール]

この指輪
Cette bague [セット・バーグ]

この大通り
Cette avenue [セッタヴニュ]

Cette bague

soixante-sept [ソワサント・セット] | 67

Étape 1　はい、いいえで答える疑問文

(((044)))

複数名詞につく場合
Ces [セ]

この靴（2足で1対の靴は複数形）
Ces chaussures [セ・ショスュール]

このトイレ（トイレは常に複数形）
Ces toilettes [セ・トワレット]

これらのハーブ
Ces herbes [セ・ゼルブ]

Ces herbes

〈 指示形容詞をまとめて見てみましょう 〉

	男性名詞	女性名詞	男女複数
指示形容詞	ce(cet) [ス(セット)]	cette [セット]	ces [セ]

Etape 1 　はい、いいえで答える疑問文

10. 「〜していただけますか？」
依頼文を作ってみましょう

((045))

〜していただけますか？

Vous pouvez ＋ して欲しいこと（不定詞＋目的語）？
［ヴ・プヴェ＋〜］

そのスーツケースを取っていただけますか？

Vous pouvez me prendre cette valise ?
［ヴ・プヴェ・ム・プラーンドル・セット・ヴァリーズ］

手伝っていただけますか？

Est-ce que **vous pouvez** m'aider ?
［エ・ス・ク・ヴ・プヴェ・メデ］

円をユーロに両替していただけますか？

Pouvez-vous changer des yens en euros ?
［プヴェ・ヴ・シャンジェ・デ・イェン・アン・ニューロ］

教えていただけますか？

Pourriez-vous me renseigner ?
［プリエ・ヴ・ム・ランセニェ］

この場合の倒置形もよく使われる疑問文ですが、4番目の"pourriez"の形は何なの
でしょうか？ これはP.22の"voudrais"と同じ**条件法**という形。同じように「もしで
きれば〜」というニュアンスが含まれているため、**より丁寧な言い方**になるわけで
すね。もちろん、"je"と"vous"の活用形は同じ条件法でも異なります。しかし、"Je
voudrais"と同様に"Pourriez-vous"はこの形でよく使われるので、このまま覚えてし
まえばOK！

70 ｜ soixante-dix ［ソワサント・ディス］

❗ この発音に注意！ （((046)))

《 ai、aî、ei 》
- 口を上下に広く開け、舌を前寄りにして発音する[eエ]です。
  aider [ede エデ]、aimer [eme エメ]、renseigner [rãseɲe ランセニェ]
- 唇を左右に引き、舌先を下前歯に押し付けて発音する[ɛエ]の場合もあり。
  plaire [plɛːr プレール]、caisse [kɛs ケス]、japonais [ʒapɔnɛ ジャポネ]、neige [nɛːʒ ネージュ]

《 ay、ey 》
- 後ろに"y"がくっつくと[ej エイ]の発音になるのでご注意。
  essayer [eseje エセイエ]、payer [peje ペイエ]

Pourriez-vous me renseigner ?

soixante-et-onze [ソワサンテ・オーンズ] | 71

Etape 1 　はい、いいえで答える疑問文

11. 「私に」「私を」
誰にして欲しいですか？

(((047)))

人にものを頼むのはいいとして、フランス語では「誰を」、「誰に」という**補語人称代名詞**をはっきりさせなくてはいけません。

私を手伝っていただけますか？

Est-ce que vous pouvez **m**'aider ?
［エ・ス・ク・ヴ・プヴェ・メデ］

後ろに母音字で始まる動詞が来ているため、**エリズィヨン**して"m'"になっていますが、これは"me (私を)"という**直接目的語**の**人称代名詞**。直接目的語とは、動詞に**前置詞なしでくっつき**、**直接的に意味を補う**ものです。もしこの"me"が入らなければ、

手伝っていただけますか？

Vous pouvez aider ?
［ヴ・プヴェ・エデ］

もちろんこれでも意味は通じますが、「誰を」なのかがはっきりしません。もしかしたら、目の前にいるおばあちゃんのことなのかもしれません。それならば「彼女を」という"la"が入ります。もちろん「彼を」ならば"le"、「彼らを」ならば"les"。

彼女を手伝っていただけますか？

Pouvez-vous **l**'aider ?
［プヴェ・ヴ・レデ］

あなたをお手伝いしましょうか？

Je peux **vous** aider ?
［ジュ・プ・ヴゼデ］

もちろん、**直接目的語**の**人称代名詞** "vous"を入れて、「あなたを手伝うことができるか？」という文も作れます。

72 　soixante-douze［ソワサント・ドゥーズ］

それでは次の文の"me"はどうなのでしょう？

私にそのスーツケースを取っていただけますか？
Vous pouvez **me** prendre cette valise ?
［ヴ・プヴェ・ム・プラーンドル・セット・ヴァリーズ］

ここで出てくる"me"とは「私に」という意味の**間接目的語**の**人称代名詞**。間接目的語とは、動詞に**前置詞（à、de）を伴って間接的に意味を補う**ものです。この場合、動詞"prendre"の直接目的語は"cette valise"。間接目的語の"me"には"à moi（私に☞P.104）"という意味が隠されています。もう少し分かりやすくするために次の例文を見てみましょう。

私にそれ（スーツケース）を取っていただけますか？
Vous pouvez **me la** prendre ?
［ヴ・プヴェ・ム・ラ・プラーンドル］

間接目的語の"me（私に）"と、**直接目的語**の"la（それを）"の補語人称代名詞が一緒に登場しています。"le"、"la"、"les"はものを代用することもできるのです。そしてこれらは**して欲しい動詞の前**に入ってきます。でも2つを一緒に使うことは日常的な話し言葉では少ないので、とりあえず"me（私に）"、"me（私を）"だけでも覚えておきましょう。

〈 補語人称代名詞をまとめて見てみましょう 〉　　　　　　　((048))

直接目的語	間接目的語
me [ム]（私を）	me [ム]（私に）
te [トゥ]（君を）	te [トゥ]（君に）
le/la [ル／ラ]（彼を、彼女を、それを）	lui [リュイ]（彼に、彼女に）
nous [ヌ]（私たちを）	nous [ヌ]（私たちに）
vous [ヴ]（あなたを、あなた（君）たちを）	vous [ヴ]（あなたに、あなた（君）たちに）
les [レ]（彼らを、彼女らを、それらを）	leur [ルール]（彼らに、彼女らに）

soixante-treize［ソワサント・トレーズ］　73

Étape 1　はい、いいえで答える疑問文

12. 「〜すべきですか?」
必要か聞いてみましょう

《(049)》

~すべきですか?
Il faut + **尋ねたいこと**(不定詞＋目的語)?
[イル・フォ＋〜]

動詞は "falloir [ファロワール](〜が必要である)" ですが、常に**非人称** "il" としか使われないので、他の人称の活用形はありません。**倒置疑問文**は "Faut-il [フォ・ティル]" と**リエゾン**することに注意。

テーブルを予約すべきですか?

Il faut réserver une table ?
［イル・フォ・レゼルヴェ・ユンヌ・ターブル］

えぇ、それをすべきです。

Oui, **il** le **faut**.
［ウィ、イル・ル・フォ］

この "le" は**中性代名詞**で**不定詞**(この場合は réserver une table)の代用ができます (☞P.53)。**補語人称代名詞** (☞P.72)とおまちがえなく! 話し言葉ではこの中性代名詞は省略も可。

郊外高速線に乗るべきですか?

Faut-il prendre le RER ?
［フォ・ティル・プラーンドル・ル・エル・ウー・エル］

いいえ、その必要はありません。

Non, vous n'en **avez** pas **besoin**.
［ノン、ヴ・ナナヴェ・パ・ブゾワン］

もし "Il ne faut pas" と否定文にすると「〜してはならない」と**禁止の意味合い**になってしまうので、この返答の方が一般的。"avoir besoin de ＋ **不定詞**" で「〜する必要がある」という意味です。したがって返事の後に続くはずの "de prendre le RER" が**中性代名詞** "en" に置き換えられています (☞P.53)。

74 | soixante-quatorze [ソワサント・カトルズ]

Étape 1 はい、いいえで答える疑問文

((050))

~すべきですか？
Je dois + 尋ねたいこと（不定詞＋目的語）？
[ジュ・ドワ+~]

"il faut"と同じ意味でよく使われる**動詞** "devoir [ドゥヴォワール]（～すべきである）"の
形も一緒に見てみましょう。

まっすぐ行くべきですか？
Je dois aller tout droit ?
[ジュ・ドワ・アレ・トゥー・ドロワ]

いいえ、左へ曲がらなくてはいけません。
Non, **vous devez** tourner à gauche.
[ノン、ヴ・ドゥヴェ・トゥルネ・ア・ゴーシュ]

前菜を取らなくてはいけませんか？
Dois-je prendre une entrée ?
[ドワ・ジュ・プラーンドル・ユン・ノントレ]

はい、コースに含まれています。
Oui, c'est compris dans le menu.
[ウィ、セ・コンプリ・ダン・ル・ムニュ]

❗ **この発音に注意！**   ((051))

《 oi、oî 》
● "o"と"i、î"がくっつくと[waオワ]の発音になります。
　　moi [mwaモワ]、devoir [d(ə)vwa:r ドゥヴォワール]、droit [drwa ドロワ]、
　　boîte [bwatボワット]

《 oy 》
● "o"と"y"がくっつくと[wajオワイ]。
　　voyager [vwaja:ʒ ヴォワイヤージェ]、employé [ãplwaje アンプロワイエ]

76 | soixante-seize [ソワサント・セーズ]

余裕があったら覚えておこう！ ((052))

devoir [ドゥヴォワール]の現在活用形

Je dois [ジュ・ドワ]
Tu dois [テュ・ドワ]
Il(Elle) doit [イル(エル)・ドワ]
Nous devons [ヌ・ドゥヴォン]
Vous devez [ヴ・ドゥヴェ]
Ils(Elles) doivent [イル(エル)・ドワーヴ]

Je dois aller tout droit ?

soixante-dix-sept [ソワサント・ディ・セット] | 77

お礼の言い方

(((053)))

お願いしたことをしてもらえたり、親切にされたのならば、お礼を言わなくてはいけません。

ありがとうございます。
Merci.
［メルスィー］

どうもありがとうございます。
Merci beaucoup.
［メルスィー・ボークー］

ありがとう。
Merci bien.
［メルスィー・ビヤン］

"merci" でも後につける副詞によって、丁寧に言ったり、軽く言ったりすることができます。「〜をありがとう」とつけるのならば、前置詞 "pour[プール]〜 "。

コーヒーをありがとう。
Merci pour le café.
［メルスィー・プール・ル・カフェ］

どうもご親切に。
C'est gentil.
［セ・ジャンティ］

とても親切にありがとう。
Vous êtes très aimable.
［ヴゼット・トレ・ゼマーブル］

感謝します。
Je vous remercie
［ジュ・ヴ・ルメルスィー］

78 | soixante-dix-huit ［ソワサント・ディズユイット］

Etape 2　答えを求める疑問文

13. 「いつ」「どこ」「いくら」
疑問文を作ってみましょう

「いつ」、「どこ」、「どのくらい」などの疑問文は**疑問副詞**で作ります。文頭に疑問副詞を置き、続いてすでに学んだ疑問文をつなげればいいだけです。

> ## 疑問副詞の疑問文 = 疑問副詞 + 疑問文？

さて、疑問文は3種類の作り方がありました。疑問副詞をつけた形で、再びおさらいしてみましょう。

---

1) 疑問副詞に平叙文をつなげて、語尾を上げて尋ねる形。

　疑問副詞 + **主語** + **動詞** + **目的語**？

2) 疑問副詞に"est-ce que"と平叙文をつなげる形。

　疑問副詞 + **est-ce que** + **主語** + **動詞** + **目的語**？

3) 疑問副詞に倒置疑問文をつなげる形。

　疑問副詞 + **動詞** - **主語** + **目的語**？

ここで新しくもう1種類の形が出てきます。疑問副詞を平叙文の最後に入れてしまうのです。

---

4) 疑問副詞を平叙文に組み込んで、語尾を上げて尋ねる形。

　主語 + **動詞** + **疑問副詞**？

日常的な話し言葉としてよく使われるのは、1) か4) です。これらの形は単語をつなげるだけなので、長文になること以外はそんなに難しくはないでしょう。問題は返事。前回は"oui"、"non"さえ分かれば返事が理解できたものですが、今回からは**返事も理解**しなくてはいけません。順を追って見てみましょう。

soixante-dix-neuf［ソワサント・ディズ・ヌフ］　79

Étape 2 　答えを求める疑問文

14. 「どこですか?」
ある場所を聞いてみましょう

(((054)))

~はどこですか?

Où est + **尋ねたい場所**(名詞・代名詞) **?**
[ウ・エ+~]

疑問副詞 "où [ウ] (どこ) " に、動詞 "être [エトル] (~がある、いる) " を使います。この場合は主語と動詞を倒置してつなげるのが一般的。

入口はどこですか?

Où est l'entrée ?
[ウ・エ・ラントレ]

あなたの右側にあります。

Elle est à votre droite.
[エレ・タ・ヴォトル・ドロワット]

名詞 "entrée [アントレ] (入口) " は女性名詞なので、主語人称代名詞は "elle" になります。「出口」は "sortie [ソルティ]" で同じく女性名詞です。前置詞 "à" は、「~に」。

トイレはどこですか?

Où sont les toilettes ?
[ウ・ソン・レ・トワレット]

奥、左側です。

Au fond à gauche.
[オ・フォン・ア・ゴーシュ]

トイレの場所は必ず尋ねることになるフレーズではないでしょうか? トイレは複数形なので、動詞 "être" も3人称複数形 "sont" になることに注意してください。

80 quatre-vingts [カトル・ヴァン]

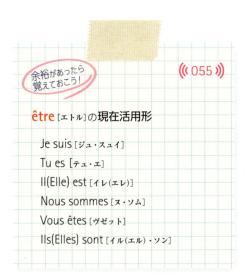

ここはどこですか？
Où sommes-nous ?
［ウ・ソム・ヌ］

私たちはここにいます。
Nous sommes ici.
［ヌ・ソム・ズィスィ］

これも道に迷った時などに使えるフレーズ。「私たちはどこにいますか？」という意味ですね。地図上で現在地は"vous êtes ici.［ヴゼット・ズィスィ］（あなたはここ）"と書かれています。

朝食用ルームはどこにありますか？
Où est la salle du petit déjeuner ?
［ウ・エ・ラ・サル・デュ・プティ・デジュネ］

地下にあります。
C'est au sous-sol.
［セ・オ・スゥ・ソル］

"C'est［セ］（それは～です ☞P.100）"の文で答えることもできます。

Étape 2　答えを求める疑問文

((056))

エッフェル塔はどこ？
La tour Eiffel **est où** ?
［ラ・トゥール・エッフェル・エ・ウ］

あそこ！
Là-bas !
［ラ・バ］

前述の副詞 "ici [ｲｽｨ]（ここ）" に対して少し離れた所を指すのが "là [ﾗ]（そこ）"。さらに遠くは "là-bas [ﾗ・ﾊﾞ]（あそこ）" で指すことができます。

了解を伝えましょう

(((057)))

尋ねた相手に分かったか、分からなかったかを伝えるのも大事なことです。
分からなければ、正直に伝えましょう。

分かりました。
D'accord.
［ダコール］

分かります。
Je vois.
［ジュ・ヴォワ］

分かりますか？
Vous comprenez ?
［ヴ・コンプルネ］

えぇ、分かります。
Oui, je comprends.
［ウィ、ジュ・コンプラン］

分かりません。
Non, je ne comprends pas.
［ノン、ジュ・ヌ・コンプラン・パ］

動詞 "comprendre ［コンプラーンドル］（理解する）" もよく使うので、しっかり覚
えておきましょう。

quatre-vingt-trois ［カトル・ヴァン・トロワ］ | 83

Etape 2　答えを求める疑問文

15. 「右へ」「左へ」
どっちでしょう

《 058 》

「どこにありますか？」と聞いたからには、道順をがんばって聞き取ってみましょう。人によって説明の仕方は簡単だったり、やたらと丁寧だったりいろいろですが、とにかく覚えておきたい単語を並べてみます。

右へ（右側）。
A droite.
［ア・ドロワット］

左へ（左側）。
A gauche.
［ア・ゴーシュ］

左へ曲がりなさい。
Tournez à gauche.
［トゥルネ・ア・ゴーシュ］

動詞 "tourner [トゥルネ]" で「曲がる」。主語を省き、動詞から始めるのは**命令文の形**です。**前置詞** "à" は「〜へ」と方向も表わせます。

2番目の道を右に曲がりなさい。
Prenez la deuxième rue à droite.
［プルネ・ラ・ドゥズィエム・リュ・ア・ドロワット］

動詞 "prendre [プラーンドル]" は「取る」でしたよね。「2番目の道を取る」という意味。

まっすぐ。
Tout droit.
［トゥー・ドロワ］

まっすぐ進みなさい。
Continuez tout droit.
［コンティニュエ・トゥー・ドロワ］

動詞 "continuer [コンティニュエ]" は「続ける」なので、「そのまま進む」ということ。

84 | quatre-vingt-quatre [カトル・ヴァン・カトル]

突き当たりへ。
Au fond.
［オ・フォン］

2階へ。
Au premier étage.
［オ・プルミエ・レタージュ］

地階へ。
Au sous-sol.
［オ・スゥ・ソル］

フランス語の階表記は日本と異なり、1階は "le rez-de-chaussée［ル・レ・ド・ショセ］"、3階は "le deuxième étage［ル・ドゥズィエム・エタージュ］"。 "前置詞 à ＋ le" で "au" となります。

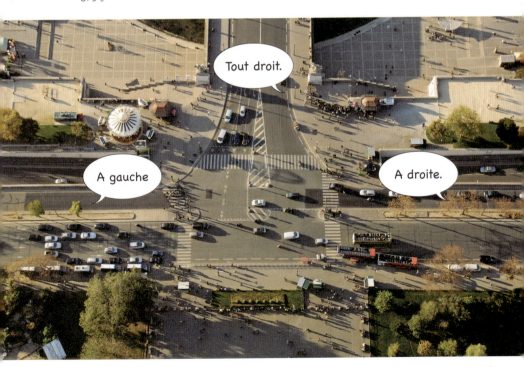

Etape 2 答えを求める疑問文

16. 「どこで〜ですか?」
する場所を聞いてみましょう

(((059)))

疑問副詞 "où" を使う疑問文は何も「どこにあるか」だけではないですよね。"puis-je（〜できますか?）"、"faut-il（〜すべきですか?）" をつなげて、「どこでする」のか聞いてみましょう。この後ろに来るのは動詞の原形である**不定詞**なので、この2つの形を覚えておけば、動詞の活用形を覚えていなくとも、いろんな文が作れます。

> どこで〜できますか?
> ## Où puis-je + したいこと(不定詞+目的語)?
> ［ウ・ピュイ・ジュ+〜］

地下鉄のパス・ナヴィゴはどこで買えますか?

Où puis-je acheter un passe Navigo ?
［ウ・ピュイ・ジュ・アシュテ・アン・パス・ナヴィゴ］

地下鉄の券売機で買えますよ。

Vous pouvez l'acheter au guichet automatique.
［ヴ・プヴェ・ラシュテ・オ・ギシェ・オトマティック］

どこでロワスィーバス (空港行きバス) に乗れますか?

Où puis-je prendre RoissyBus ?
［ウ・ピュイ・ジュ・プラーンドル・ロワスィービュス］

オペラ座の横でです。

A côté de l'Opéra.
［ア・コテ・ドゥ・ロペラ］

"à côté de 〜 [ア・コテ・ドゥ]" は「〜の横に」という意味です。

86 | quatre-vingt-six ［カトル・ヴァン・スィス］

> Où faut-il descendre du bus pour aller à Montmartre ?

どこで〜すべきですか？
Où faut-il + したいこと（不定詞＋目的語）？
［ウ・フォ・ティル＋〜］

モンマルトルに行くにはどこでバスを降りるべきですか？
Où faut-il descendre du bus pour aller à Montmartre ?
［ウ・フォ・ティル・デサーンドル・デュ・ビュス・プール・アレ・ア・モンマルトル］

ロシュシュアール大通りで降りなければなりません。
Il faut descendre au Boulevard de Rochechouart.
［イル・フォ・デサーンドル・オ・ブールヴァール・ドゥ・ロシュシュアール］

動詞"descendre [デサーンドル]"は「降りる」。"**du** bus"は「バス（交通網とする全体）から」という意味で、**冠詞が残り**、"**前置詞** de（〜から）＋**定冠詞** le"の形です。「地下鉄から」も同様の考え方で"descendre **du** mètro [デサーンドル・デュ・メトロ]"ながら、「車（個別のもの）から」は"descendre **de** voiture [デサーンドル・ドゥ・ヴォワテュール]"と、**冠詞が消える**ことに注意。

どこで支払うべきですか？
Il faut payer **où** ?
［イル・フォ・ペイエ・ウ］

レジでお願いします。
A la caisse, s'il vous plaît.
［ア・ラ・ケス、シル・ヴ・プレ］

平叙文の"Il faut [イル・フォ]"では発音されなかった"t"が、**倒置**することによって"faut-il [フォ・ティル]"と**リエゾン**し、発音されることに気をつけましょう。

quatre-vingt-sept ［カトル・ヴァン・セット］ 87

Etape 2　答えを求める疑問文

17. 「いくらですか？」
値段を聞いてみましょう

(((060)))

> ～はいくらですか？
> ## Combien＋coûte＋聞きたいもの（名詞・代名詞）?
> ［コンビヤン・クート・～］

値段は、「どのくらい」という意味の疑問副詞 "combien ［コンビヤン］" で聞きます。状況によっては "Combien ?" だけで通じることもありますが、値段を聞いていることを明確にしましょう。疑問副詞の後は、主語と動詞を倒置した疑問文をつけますが、話し言葉では倒置をせずに平叙文で語尾を上げる形も多く使われます。

この香水はいくらですか？

Combien coûte ce parfum ?
［コンビヤン・クート・ス・パルファン］

それはいくらですか？

Ça coûte combien ?
［サ・クート・コンビヤン］

動詞 "coûter ［クテ］" は「値段が～だ」という意味で、具体的なものの名詞や指示代名詞 "ça ［サ］（それ ☞ P.28）" と一緒に聞くことができます。返事は同じ動詞を使って、

30ユーロです。

Ça coûte trente euros.
［サ・クート・トランテューロ］

88 ｜ quatre-vingt-huit ［カトル・ヴァン・ユイット］

いくらですか？

C'est **combien** ?
[セ・コンビヤン]

1ユーロ50サンティームです。

Un euro cinquante.
[アン・ニューロ・サンカーント]

"C'est [セ] （それは〜です ☞P.100）"を使って、「それはどのぐらいですか？」とも聞くことができます。

いくらになりますか？

Ça fait **combien** ?
[サ・フェ・コンビヤン]

8ユーロ20サンチームになります。

Ça fait huit euros vingt.
[サ・フェ・ユイッテューロ・ヴァン]

こちらは動詞 "faire [フェール]（〜になる）"を使っているので、あれやこれや買って合計金額を聞く時に使います。

いくらになりますか（どのくらい支払うべきか）？

Combien **je dois** ?
[コンビヤン・ジュ・ドワ]

18ユーロになります。

Ça fait dix-huit euros.
[サ・フェ・ディズユイッテューロ]

動詞 "devoir [ドゥヴォワール]（☞P.76）"は、「支払わなくてはいけない」という意味もあるのです。

quatre-vingt-neuf [カトル・ヴァン・ヌフ] | 89

Etape 2 答えを求める疑問文

18. 「どのくらいですか？」
数量を尋ねてみましょう

(((061)))

「どのくらい」という疑問副詞 "combien [コンビヤン]" は、値段だけでなく他にもいろいろな数量を聞く場面で使われる単語です。

> ### どのくらいの数量？ =
> ### Combien de + 無冠詞名詞？
> [コンビヤン・ドゥ+～]

"combien de" の後に無冠詞名詞がくるということは、冠詞なしで名詞をそのままつければいいということです。この名詞は可算の場合、複数形になります。

マルセイユまで行くのにどのくらいの時間がかかりますか？
Combien de temps faut-il pour aller à Marseille ?
[コンビヤン・ドゥ・タン・フォ・ティル・プール・アレ・ア・マルセイユ]

パリからTGVで3時間かかります。
Il faut trois heures de Paris avec le TGV.
[イル・フォ・トロワ・ズール・ドゥ・パリ・アヴェク・ル・テー・ジェー・ヴェー]

「どのくらいの時間」は "combien de temps [コンビヤン・ドゥ・タン]"。「どのくらいの時間が必要か？」と聞くのに、"il faut (☞ P.74)" を使います。名詞 "temps [タン]" で聞いていて、"heure [ウール]" で答えることに注意 (☞ P.56)。前置詞 "de" は「～から」。

何キログラム欲しいですか？
Combien de kilos voulez-vous ?
[コンビヤン・ドゥ・キロ・ヴレ・ヴ]

2キログラム欲しいのですが。
Je voudrais deux kilos.
[ジュ・ヴドレ・ドゥー・キロ]

市場などで量り売りの際に聞かれる言い方。「何キログラム？」は "combien de kilos [コンビヤン・ドゥ・キロ]" です。

90 quatre-vingt-dix [カトル・ヴァン・ディス]

Combien de kilos voulez-vouz ?

何泊されますか？
Vous restez combien de nuits ?
［ヴ・レステ・コンビヤン・ドゥ・ニュイ］

1泊します。
Je reste une nuit.
［ジュ・レスト・ユンヌ・ニュイ］

ホテルで「宿泊数」を聞かれるのは"combien de nuits［コンビヤン・ドゥ・ニュイ］"。**動詞** "rester［レステ］"は「とどまる」という意味。

何名様ですか？
Vous êtes combien ?
［ヴゼット・コンビヤン］

4名です。
Nous sommes quatre.
［ヌ・ソム・カトル］

レストランの入り口で「何名」か聞かれるのは、"combien"とだけ略して聞かれることが多いです。正しくは"combien de personnes［コンビヤン・ドゥ・ペルソンヌ］"です。

19. 「どのように？」
やり方を尋ねてみましょう

《 062 》

> どのように〜？
> ## Comment ＋ 聞きたいこと（疑問文）？
> ［コマン＋〜］

疑問副詞 "comment" を使えば、「どのように？」、「どんな風に？」と尋ねることができます。

シャルル・ド・ゴール空港へはどのように行けますか？

Comment puis-je aller à l'aéroport Charles-de-Gaulle ?
［コマン・ピュイ・ジュ・アレ・ア・ラエロポール・シャルル・ドゥ・ゴール］

電車かバスでそこに行くことができます。

Vous pouvez y aller en train ou en bus.
［ヴ・プヴェ・ジ・アレ・アン・トラン・ウ・アン・ビュス］

"Comment ＋ puis-je (☞ P.65)" で「どのように〜できるか？」。"en train"、"en bus" は、"前置詞 en ＋乗り物" の言い方で、「〜に乗って」という意味です。"y" は副詞的代名詞 (☞ P.148)。

それを英語でどのように言いますか？

Comment dit-on ça en anglais ?
［コマン・ディトン・サ・アン・ノングレ］

アップルと言います。

On dit :《 Apple 》.
［オン・ディ、アップル］

フランス語の単語が分からなければ、英語で教えてもらってもいいのです。動詞 "dire ［ディール］" は「言う」。倒置するとリエゾンして "dit-on ［ディトン］" となることに注意。不定詞にして "Comment dire ? ［コマン・ディール］（どう言えばいいのかしら？）" という表現もよく使います。"en anglais" は「英語で」(☞ P.134)。

quatre-vingt-treize ［カトル・ヴァン・トレーズ］ | 93

Étape 2　答えを求める疑問文

20. 「いつですか?」
時期を聞いてみましょう

《 063 》

```
いつ〜ですか?
Quand + 聞きたいこと(疑問文)?
[カン+〜]
```

疑問副詞 "quand [カン]" を使えば、「いつ?」という疑問文が作れます。

いつその(裾を直してもらった)ズボンをもらえますか?
Quand je peux avoir ce pantalon ?
[カン・ジュ・プ・アヴォワール・ス・パンタロン]

明日です。
Demain.
[ドゥマン]

疑問副詞に平叙文をつけ、語尾を上げて尋ねる形も日常ではよく使われます。

ご出発はいつですか?
Quand est-ce que vous partez ?
[カン・テ・ス・ク・ヴ・パルテ]

明後日に出発します。
Je pars après-demain.
[ジュ・パール・アプレ・ドゥマン]

"Quand est-ce que [カン・テ・ス・ク]"の文のリエゾンに気をつけましょう。動詞 "partir [パルティル]" は「出発する」。

94 | quatre-vingt-quatorze [カトル・ヴァン・カトルズ]

いつ清算をすべきですか？
Quand dois-je régler la note ?
［カン・ドワ・ジュ・レグレ・ラ・ノット］

出発前にお願いします。
Avant votre départ, s'il vous plaît.
［アヴァン・ヴォトル・デパール、シル・ヴ・プレ］

"régler la note［レグレ・ラ・ノット］"でホテルなどの「清算をする」という意味です。"avant＋名詞"で「〜の前」と言うことができます。

美術館はいつ閉館ですか？
Le musée est fermé quand ?
［ル・ミュゼ・エ・フェルメ・カン］

月曜日です。
Il est fermé lundi.
［イレ・フェルメ・ランディ］

平叙文の中に疑問副詞を組み込み、語尾を上げるのは話し言葉で非常によく使われる形。動詞"fermer［フェルメ］"は「閉める」。動詞"être"とともに過去分詞形の形容詞"fermé［フェルメ］"にすると「閉まっている」となります。

聞き返す表現

(((064)))

相手の言っていることが分からなかったり、よく聞こえなかったときは聞き返してみましょう。

何ですか？
Comment ?
［コマン］

疑問副詞 "comment［コマン］" はこんな使い方もできます。

何ですか？
Pardon ?
［パルドン］

声を掛ける (☞ P.17) 以外に道を空けてほしいときや、ぶつかってしまったときなどに「すみません」とも使える言葉。

もう一度、繰り返していただけますか？
Vous pouvez répéter encore une fois ?
［ヴ・プヴェ・レペテ・アンコール・ユンヌ・フォワ］

動詞 "répéter［レペテ］" は「繰り返して言う」。この場合の**副詞** "encore［アンコール］"は「再度」という意味です。

ゆっくり話していただけますか？
Pourriez-vous parler lentement ?
［プリエ・ヴ・パルレ・ラントマン］

動詞 "parler［パルレ］" は「話す」 (☞ P.132)。**副詞** "lentement［ラントマン］" は「ゆっくりと」。

96 │ quatre-vingt-seize［カトル・ヴァン・セーズ］

21. 「何を」「誰が」
疑問文を作ってみましょう

疑問代名詞 "que [ク] (何) "、"qui [キ] (誰) " を使った疑問文です。"que" は**もの**を、"qui" は**人**を、それぞれ尋ねることができます。

---

1) "何を（直接目的語）"、"何（属詞）" の場合

"何（を）" の疑問文 = Que + 動詞 - 主語（倒置）？
　　　　　　　　　　[ク＋〜]

"何（を）" の疑問文 = Qu'est-ce que + 主語 + 動詞？
　　　　　　　　　　[ケ・ス・ク＋〜]

2) "何が（主語）" の場合

"何が" の疑問文 = Qu'est-ce qui + 動詞？
　　　　　　　　[ケ・ス・キ＋〜]

3) "誰を（直接目的語）"、"誰（属詞）" の場合

"誰（を）" の疑問文 = Qui + 動詞 - 主語（倒置）？
　　　　　　　　　　[キ＋〜]

"誰（を）" の疑問文 = Qui + est-ce que + 主語 + 動詞？
　　　　　　　　　　[キ・エ・ス・ク＋〜]

4) "誰が（主語）" の場合

"誰が" の疑問文 = Qui + 動詞？
　　　　　　　　[キ＋〜]

"誰が" の疑問文 = Qui + est-ce qui + 動詞？
　　　　　　　　[キ・エ・ス・キ＋〜]

それぞれの違いが分かりにくいと思いますが、2) を除いて**2通りの疑問文**が作れるということ。1) と 3) は倒置文を "est-ce que" を用いて平叙文にしたもの。2) は "que" を主語の位置に置くために "est-ce qui" を用いたもの。4) は "qui" を主語の位置に置いたもので、"est-ce qui" を用いても同じ文が作れます。

quatre-vingt-dix-sept [カトル・ヴァン・ディ・セット] | 97

Étape 2　答えを求める疑問文

22. 「これは何ですか?」
お馴染みの疑問文です

(((065)))

~は何ですか?
Que + 聞きたいこと（疑問文）？
［ク＋～］

Qu'est-ce que + 聞きたいこと（平叙文）？
［ケ・ス・ク＋～］

1)の**疑問代名詞** "que [ク]" で**直接目的語**、**属詞**を尋ねる場合です。

これは何ですか?
Qu'est-ce que c'est ?
［ケ・ス・ク・セ］

これはチョコレートの1種です。
C'est un chocolat.
［セタン・ショコラ］

この表現も聞いたことがあると思います。**疑問代名詞** "que [ク]" を使ったお馴染みの例文。何だか短い単語が並んでいて訳が分からなかった人にも、今はどういう構成なのか理解できますよね。**疑問代名詞** Que ＋ **疑問形** est-ce que ＋ **主語** ＋ **動詞**。チョコレートは**不可算名詞**ですが、**不定冠詞**をつけることで「ある種類のチョコレート」ということができます。

これは何?
C'est **quoi** ?
［セ・クワ］

平叙文で尋ねるならば、**疑問代名詞** "quoi [クワ]" を使います。

98　quatre-vingt-dix-huit ［カトル・ヴァン・ディズュイット］

中にあるのは何ですか？

Qu'est-ce qu'il y a dedans ?
[ケ・ス・キリヤ・ドゥダン]

カスタードクリームです。

De la crème pâtissière.
[ドゥ・ラ・クレム・パティスィエール]

こちらもよく使うフレーズ。中が見えないお菓子やケーキなどの中身を尋ねることができます。**副詞** "dedans [ドゥダン]" は「中に」という意味。**部分冠詞**をつけた "de la crème pâtissière" は「いくらかの量の」ということですね。

何にいたしましょうか？

Que désirez-vous ?
[ク・デズィレ・ヴ]

赤ワインのボトル1本が欲しいのですが。

Je voudrais une bouteille de vin rouge.
[ジュ・ヴドレ・ユンヌ・ブテイユ・ドゥ・ヴァン・ルージュ]

お店で店員さんが声を掛けてくるのは、大抵、このフレーズです。「欲しいものは何ですか？」ということですね。**疑問代名詞** "que" の後ろは**倒置疑問文**。"une bouteille de ＋ **無冠詞名詞**" で「〜のボトル1本」という意味です。

本日、おすすめは何ですか？

Que recommandez-vous, aujourd'hui ?
[ク・ルコマンデ・ヴ、オージュールデュイ]

オマール海老がおすすめです。

Je vous recommande le homard.
[ジュ・ヴ・ルコマンド・ル・オマール]

動詞 "recommander [ルコマンデ]" は「〜をすすめる」。レストランでおすすめを聞きたい時に使える言い方です。

quatre-vingt-dix-neuf [カトル・ヴァン・ディズ・ヌフ] | 99

Étape 2　答えを求める疑問文

23. 「それは〜です」
指して言いましょう

《 066 》

ここでもう何回も出てきた**指示代名詞** "ce [ス]" を見てみましょう。**指示形容詞** "ce [ス]"
(☞ P.66)" とは異なりますのでご注意を。よく使われる表現は、**動詞** "être [エトル] (〜
である)" をつなげて**エリズィヨン**した "C'est [セ]"。

それは〜です。
C'est ＋ **指すもの**（冠詞＋名詞）.
[セ＋〜]

この箱は何ですか？
　Qu'est-ce que **c'est**, cette boîte ?
　[ケ・ス・ク・セ、セット・ボワット]

これはオルゴールです。
　C'est une boîte à musique.
　[セテュンヌ・ボワッタ・ミュージック]

この場合の**前置詞** "à" は「〜用の」で続くのは**無冠詞名詞**です。

これらはアプリコットですか？
　Ce sont des abricots ?
　[ス・ソン・デ・ザブリコ]

いいえ、プルーンです。
　Non, **ce sont** des prunes.
　[ノン、ス・ソン・デ・プリュヌ]

複数を指す時は、**動詞** "être" も**複数形** "sont" にします。ただし、話し言葉では複数形
でも "c'est" ということが多いです。

100 ｜ cent [サン]

"C'est"はそこにあるものだけを指すとは限りません。その場の状況なども示すことができます。

終わりですか？
C'est fini ?
［セ・フィニ］

いいえ、終わっていません。
Non, ce n'est pas fini.
［ノン、ス・ネ・パ・フィニ］

レストランやカフェで食べ終わった食器を下げるときに聞かれるフレーズ。"fini"は**動詞**"finir ［フィニール］（終える）"の過去分詞形で、**形容詞**としても使われます。否定文にするのは、もう分かりますね。

おいしいですか？
C'est bon ?
［セ・ボン］

ええ、おいしいです。
Oui, c'est délicieux.
［ウィ、セ・デリスィユー］

こちらも決まり文句です。**形容詞**"bon"は「よい」という意味。レストランで食事をしたときや、お店などで味見をしたときなどに、「おいしい」と言ってみましょう。

Étape 2　答えを求める疑問文

24. 「誰ですか？」
人を尋ねてみましょう

(((067)))

~は誰ですか？

Qui ＋ 聞きたいこと（疑問文）？
[キ＋～]

3）の**疑問代名詞** "qui [キ]" で**直接目的語**、**属詞**を尋ねる場合です。

どなたですか？

Qui êtes-vous ?
［キ・エット・ヴ］

小山です。

Je suis madame Koyama.
［ジュ・スュイ・マダム・コヤマ］

話し言葉では "Vous êtes ? [ヴゼット]" とだけ、語尾を上げて尋ねられることも。
返事をする時は、自分の名前でも "monsieur [ムスィュー]"、"madame [マダム]"、
"mademoiselle [マドモワゼル]" を前につけます。

4）の**疑問代名詞** "qui" で**主語**を尋ねる場合。"qui" の後はそのまま動詞がくるので簡
単です。

コーヒーが欲しいのは誰ですか？

Qui prend du café ?
［キ・プラン・デュ・カフェ］

私です。

Moi.
［モワ］

102　cent-deux [サン・ドゥー]

> ～は誰のですか？
> **A qui** + 聞きたいこと（疑問文）？
> ［ア・キ＋～］

前置詞 "à" + 疑問代名詞 "qui" とすると、「誰のもの」かを尋ねることができます。

誰の番ですか？
A qui le tour ?
［ア・キ・ル・トゥール］

私の番です。
A moi.
［ア・モワ］

お店で順番を待っていると尋ねられる言葉。男性名詞 "le tour [ル・トゥール]" は「順番」という意味。返事にも前置詞 "à" をつけることに注意。

このカバンは誰のですか？
Ce sac est à qui ?
［ス・サック・エタ・キ］

彼のです。
C'est à lui.
［セタ・リュイ］

cent-trois［サン・トロワ］ | 103

Étape 2　答えを求める疑問文

25. 「私」「あなた」
強調してみましょう

《068》

また、ここで "moi [モワ]" という新しい単語が出てきました。これは**人称代名詞**の**強勢形**といわれるもの。先に出てきた "Moi."、"A moi." の他にも、旅行中のさまざまな場面で使える言葉です。

本日の料理をいただきます。
Je prends un plat du jour.
［ジュ・プラン・アン・プラ・デュ・ジュール］

私もです。
Moi aussi.
［モワ・オスィ］

パリが好きです。
J'aime Paris.
［ジェム・パリ］

私もです。
Moi aussi.
［モワ・オスィ］

レストランなどで同伴者と同じものを頼むときなどに使えるセリフ。**副詞** "aussi [オスィ]" は「同様に」という意味です。相手と同意見のときも、もちろん使えます。

ありがとうございます。
Je vous remercie.
［ジュ・ヴ・ルメルスィ］

いいえ、それは私の方です。
Non, c'est **moi.**
［ノン、セ・モワ］

「お礼を言うのは私の方」という意味。**動詞** "remercier [ルメルスィエ]" は「感謝する」。

104　cent-quatre [サン・カトル]

よい午後を！
Bon après-midi !
［ボン・ナプレ・ミディ］

あなたにも！
A **vous** aussi !
［ア・ヴ・オスィ］

前置詞 "à" とともに「あなたにもよい午後を！」という意味。同じ言葉を返すのではなく、こんな返事をすればスマート。

私と一緒に来てください。
Venez avec **moi**.
［ヴネ・アヴェク・モワ］

彼女と同じものをいただきます。
Je prends comme **elle**.
［ジュ・プラン・コム・エル］

前置詞 "à" 以外にも、"avec（〜と一緒に）" や接続詞 "comme（〜のように）" とも一緒に使えるのが、この強勢形人称代名詞です。人称によって形が変わりますので、以下にまとめてみます。

〈 強勢形人称代名詞をまとめて見てみましょう 〉

	強勢形人称代名詞
私	moi［モワ］
君	toi［トワ］
彼、彼女	lui［リュィ］、elle［エル］
私たち	nous［ヌ］
あなた	vous［ヴ］
彼ら、彼女ら	eux［ウー］、elles［エル］

cent-cinq［サン・サンク］　105

26. 「何の」「どんな」
疑問文を作ってみましょう

疑問形容詞 "quel [ケル]" "quelle [ケル]" とは、形容詞「何の」、「どんな」として疑問文が作れるもの。属詞「何」として使うこともあるので要注意。この2つの違いは疑問文の作り方の違いで見ることができます。

> **"何の、どんな" の疑問文 =**
> **疑問形容詞 + 名詞 + 動詞－主語（倒置）**

疑問形容詞が形容詞として働く場合は、それがかかる名詞を後ろにつけてから、疑問文をつけます。

> **"何" の疑問文 =**
> **疑問形容詞 + 動詞（être）+ 主語**
> [～＋エトル＋～]

疑問形容詞が属詞として働く場合は、名詞を入れずにそのまま疑問文をつけます。

cent-sept [サン・セット] | 107

Etape 2　答えを求める疑問文

27. 「何の」
名詞につけて聞いてみましょう

((069))

> 何の〜ですか？
> **Quel** (**Quelle**) + 名詞 + 疑問文 ?
> [ケル+〜]

疑問形容詞 "quel、quelle" が形容詞として働く場合です。かかる名詞が男性か女性か、複数かによって形が変化します。でも、よく見てください。発音は同じですよ！

Quelle heure est-il ?

Il est dix-huit heures cinq.

> **男性名詞にかかる場合**
> **Quel** [ケル]

何歳ですか？

Quel âge avez-vous ?
［ケラージュ・アヴェ・ヴ］

29歳です。

J'ai vingt-neuf ans.
［ジェ・ヴァント・ヌヴァン］

年齢を聞くお決まりのフレーズ。**男性名詞** "âge [アージュ]（年齢）"にかけて聞きますが、返事は "an [アン]（年、歳）"で返すことに注意。"**動詞** avoir [アヴォワール]＋**数詞**＋ans" で「～歳です」という意味になります。

今日は何曜日ですか？

Quel jour sommes-nous ?
［ケル・ジュール・ソム・ヌ］

火曜日です。

Nous sommes mardi.
［ヌ・ソム・マルディ］

男性名詞 "jour [ジュール]（日）"にかけるのは、「曜日」を聞く時の表現です。「日にち」を尋ねるには "Le combien sommes-nous ? [ル・コンビヤン・ソム・ヌ]"または "Quelle date sommes-nous ? [ケル・ダット・ソム・ヌ]"となることも、覚えておきましょう。

cent-neuf [サン・ヌフ] | 109

Etape 2　答えを求める疑問文

(((070)))

女性名詞にかかる場合
Quelle [ケル]

バスティーユに行くには何番線に乗るべきですか？

Quelle ligne faut-il prendre pour aller à Bastille ?
［ケル・リーニュ・フォ・ティル・プラーンドル・プール・アレ・ア・バスティーユ］

1番線です。

La ligne 1.
［ラ・リーニュ・アン］

「地下鉄の路線」は女性名詞 "ligne [リーニュ]" にかけて聞きます。返事は "ligne ＋数詞"
で「～番線」という意味です。

どんな焼き方がよろしいですか？

Quelle cuisson voulez-vous ?
［ケル・キュイソン・ヴレ・ヴ］

ミディアムでお願いします。

A point, s'il vous plaît.
［ア・ポワン、シル・ヴ・プレ］

レストランで肉の焼き方について尋ねられるフレーズです。「焼き方」は女性名詞
"cuisson [キュイソン]" にかけた聞き方。"bleu [ブルー] (超レア) "、"saignant [セニャン] (レ
ア) "、"bien cuit [ビヤン・キュイ] (ウェルダン) " で答えます。

今、何時ですか？

Quelle heure est-il ?
［ケルゥール・エ・ティル］

18時5分です。

Il est dix-huit heures cinq.
［イレ・ディズユイットゥール・サンク］

時間を聞くのは女性名詞 "heure [ゥール] (時) " にかけて、非人称 "il" と動詞 "être" を使
います。時間の発音のリエゾン、アンシェヌマンに十分にご注意を。

110 ｜ cent-dix [サン・ディス]

洋服は何サイズですか？
Quelle taille faites-vous ?
［ケル・タイユ・フェット・ヴ］

37サイズです。
Je fais du trente-sept.
［ジュ・フェ・デュ・トラント・セット］

女性名詞"taille [タィュ]（サイズ）"にかけて洋服のサイズを聞きます。「～サイズです」という言い方は**動詞**"faire [フェール]（～である）"を使って、"faire + du 数詞"となることを覚えておきましょう。"Quelle est votre taille ? [ケレ・ヴォトル・タイユ]（あなたのサイズは何ですか？）"と言うこともできます。

靴のサイズはいくつですか？
Quelle pointure chaussez-vous ?
［ケル・ポワンテュール・ショセ・ヴ］

36サイズです。
Je chausse du trente-six.
［ジュ・ショス・デュ・トラント・スィス］

靴のサイズは**女性名詞**"pointure [ポワンテュール]（サイズ）"にかけます。"**動詞** chausser [ショセ] + du 数詞"で「～サイズの靴をはく」。"Quelle est votre pointure ? [ケレ・ヴォトル・ポワンテュール]（あなたのサイズは何ですか？）"でも同じことです。

❗ **この発音に注意！**

《 il、ill(e) 》

● ［ij/イユ］の発音です。まれに［il イル］となる時もあります。
  Bast**ille** [bastij バスティーユ]、ta**ille** [taːj タイユ]、boute**ille** [butɛj ブテイユ]、
  trava**ill**er [travaje トラヴァイエ]、b**ill**et [bijɛ ビエ]

cent-onze ［サン・オーンズ］ | 111

Etape 2　答えを求める疑問文

28. 「何時に」「何時まで」具体的に聞いてみましょう

(((072)))

疑問形容詞 "quel、quelle" に前置詞をつけても疑問文が作れます。

何時に～ですか？

A quelle heure ＋ **聞きたいこと** (疑問文) **？**
［ア・ケルゥール＋～］

前置詞 "à" をつけた言い方です。返事も "à ＋数詞＋ heures（～時に）" となることに注目。さまざまな時間に関しての質問ができます。

何時にご出発ですか？

A quelle heure partez-vous ?
［ア・ケルゥール・パルテ・ヴ］

6時に出発します。

Je pars **à** six heures.
［ジュ・パール・ア・スィズゥール］

何時に列車はニースに着きますか？

A quelle heure arrive le train à Nice ?
［ア・ケルゥール・アリーヴ・ル・トラン・ア・ニース］

16時55分にです。

A seize heures cinquante-cinq.
［ア・セーズゥール・サンカント・サンク］

動詞 "partir [パルティル]（出発する）"、"arriver [アリヴェ]（到着する）" は列車の時刻を尋ねるときに使えます。

112 ｜ cent-douze [サン・ドゥーズ]

何時にお店は開きますか？

A quelle heure ouvre la boutique ?
［ア・ケルゥール・ウーヴル・ラ・ブティック］

11時にです。

A onze heures.
［ア・オンズゥール］

何時まで〜ですか？

Jusqu'à quelle heure + 聞きたいこと（疑問文）?
［ジュスカ・ケルゥール＋〜］

何時までレストランは開いていますか？

Jusqu'à quelle heure le restaurant est ouvert ?
［ジュスカ・ケルゥール・ル・レストラン・エ・トゥヴェール］

23時までです。

Jusqu'à vingt-trois heures.
［ジュスカ・ヴァント・トロワ・ズゥール］

前置詞 "jusqu' à 〜" は「〜まで」という意味で、時間の他に場所も後ろにつなげることができます。前述の「何時にお店は開きますか」は、動詞 "ouvrir ［ウヴリール］（開く）" の3人称単数の現在形 "ouvre ［ウーヴル］" で「開く」となっていますが、こちらは動詞 "être" とともに過去分詞形の形容詞 "ouvert ［ウヴェール］" で「開いている」となることに注意しましょう。

cent-treize ［サン・トレーズ］ | 113

29. 「〜は何？」
尋ねてみましょう

《073》

> **〜は何ですか？**
> **Quel（Quelle）est + 聞きたいこと（主語）？**
> ［ケレ＋〜］

疑問形容詞 "quel、quelle" が主語の性質や特性を表す**属詞**として働く場合は、**動詞** "être" とともに疑問文を作ります。この場合も疑問文の主語が、男性名詞か女性名詞か、複数かによって疑問形容詞の**形が変化**することに注意。でも**発音は同じ**です。

> **男性名詞が主語の場合**
> **Quel** ［ケル］

名前は何ですか？
Quel est votre nom ?
［ケレ・ヴォトル・ノム］

高橋です。
C'est Takahashi.
［セ・タカハシ］

男性名詞 "nom (de famille) ［ノム（・ドゥ・ファミーユ）］" は「姓」、**男性名詞** "prénom ［プレノム］" ならば「名」という意味です。

本日のデザートは何ですか？
Quel est le dessert du jour ?
［ケレ・ル・デセール・デュ・ジュール］

チョコレートムースです。
Mousse au chocolat.
［ムース・オ・ショコラ］

cent-quinze ［サン・カーンズ］ | 115

Étape 2　答えを求める疑問文

> 女性名詞が主語の場合
> **Quelle** [ケル]

ここの名物は何ですか？

Quelle est la spécialité d'ici ?
［ケレ・ラ・スペスィヤリテ・ディスィ］

鴨のフォワグラです。

Le foie gras de canard.
［ル・フォワ・グラ・ドゥ・カナール］

黄色い花は何ですか？

Quelles sont les fleurs jaunes ?
［ケル・ソン・レ・フルール・ジョーヌ］

黄水仙です。

Des jonquilles.
［デ・ジョンキーユ］

複数形 "quelles" の場合は**動詞** "être" も**複数形** "sont" になります。

〈 疑問形容詞をまとめて見てみましょう 〉

	男性単数	男性複数	女性単数	女性複数
疑問形容詞	quel [ケル]	quels [ケル]	quelle [ケル]	quelles [ケル]

116　cent-seize [サン・セーズ]

国籍を尋ねる表現

(((074)))

ひと目でアジア人であることは分かっても、日本人か、それとも中国人か韓国人か、フランス人には分からないことも多い。そこで聞かれるのが国籍。疑問形容詞を使ったさまざまな尋ねられ方があるから、覚えておきましょう。もちろん、こちらから相手の国籍を尋ねてもOK（**国籍いろいろ** ☞P.138）。

あなたの国籍はどこですか？
Quelle est votre nationalité ?
［ケレ・ヴォトル・ナスィヨナリテ］

どこの国籍ですか？
De quelle nationalité êtes-vous ?
［ドゥ・ケル・ナスィヨナリテ・エット・ヴ］

どこの出身ですか？
Vous êtes de quelle origine ?
［ヴゼット・ドゥ・ケル・ロリジーヌ］

どこの出身ですか？
D'où venez-vous ?
［ドゥウ・ヴネ・ヴ］

"de quelle"、"d'où" の "de" は前置詞で「〜から」という意味。

日本人です。
Je suis Japonais(e).
［ジュ・スュイ・ジャポネ（ーズ）］

返事は女性の場合は、語尾に "e" を加えて女性形になることに注意しましょう（☞P.136）。

cent-dix-sept［サン・ディ・セット］ 117

Chapitre 3 ちょっとした会話を楽しみましょう

誰でも彼でも思い立ったら
声を掛けてしまうのがフランス人。
例えこっちが旅行者だったとしても、
旅行会話だけでなく日常的な会話を交わすこともあるかもしれません。
最終章はもう一歩進んで、一般的な日常会話を学んでみましょう。

Étape 1 日常会話を見てみましょう

01. 「お元気ですか?」
まずはこのセリフから

((075))

元気?
Ça va ? [サ・ヴァ]

動詞 "aller" は「行く」(☞ P.42) という意味をすでに学びましたが、「調子はどうですか?」と聞くときにも使えます。**指示代名詞** "ça" とともに使う "Ça va ?" は上記の意味以外にも、「大丈夫?」とか「OK?」などさまざまな意味合いで活用できます。

お元気ですか?
Comment **allez**-vous ?
[コマン・タレ・ヴ]

こちらの方が "vous" を使っているだけあって丁寧な言い方です。**疑問副詞** "comment" を使って "comment allez [コマン・タレ]" と**リエゾン**することに注意。

お元気ですか?
Vous **allez** bien ?
[ヴザレ・ビヤン]

えぇ、元気です。
Oui, **ça va** bien.
[ウィ、サ・ヴァ・ビヤン]

答えるのは "Ça va." だけでも OK ですが、調子がいいのか悪いのかをはっきりさせましょう。**副詞** "bien [ビヤン] (よい)" をつければ、「元気です」という意味になります。

えぇ、とても元気です。
Oui, je **vais** très bien.
[ウィ、ジュ・ヴェ・トレ・ビヤン]

副詞 "très [トレ]" + "bien" で「とても元気」と言っても OK です。

cent-dix-neuf [サン・ディズ・ヌフ] | 119

Étape 1　日常会話を見てみましょう

調子はどう？
Comment ça va ?
［コマン・サ・ヴァ］

いいえ、よくありません。
Non, ça va pas bien.
［ノン、サ・ヴァ・パ・ビヤン］

大抵はあいさつとして「元気？」と聞くので、よっぽど親しくない限り、「よくない」と答えることはありませんけれどね。**否定文**の"ne"を省略して言うことが多いです。

あなたは？
Et vous ?
［エ・ヴ］

ええ、とてもいいです。ありがとう。
Oui, ça va très bien. Merci.
［ウィ、サ・ヴァ・トレ・ビヤン。メルスィー］

こちらから「あなたはお元気ですか？」と聞き返すときは、同じフレーズを繰り返さずに、"Et vous ?"の一言で十分。この"vous"は**強勢形人称代名詞**です（☞ P.104）。また「お気遣いありがとう」という意味で、返事をした後で"merci"の言葉を添えることが多いです。

120　cent-vingt［サン・ヴァン］

Étape 1　日常会話を見てみましょう

02. 「いい天気ですね」
時候のあいさつは世界共通

(((077)))

~な天候です。
Il fait + 天候(形容詞).
［イル・フェ+~］

これは決まった言い方なので、"Il fait"で覚えてしまいましょう。この場合の**主語人称代名詞**"il"は**非人称**と呼ばれ、主語として使われているけれど何かを指しているわけではありません。これを**非人称構文**といいます。"fait"は**動詞**"faire [フェール]"の**3人称単数**の活用形ですね。

いい天気ですね。
Il fait beau.
［イル・フェ・ボー］

悪い天気ですね。
Il fait mauvais.
［イル・フェ・モーヴェ］

暑いですね。
Il fait chaud.
［イル・フェ・ショー］

寒いですね。
Il fait froid.
［イル・フェ・フロワ］

暑苦しいですね。
Il fait lourd.
［イル・フェ・ルール］

余裕があったら覚えておこう！

(((078)))

faire ［フェール］の現在活用形

Je fais ［ジュ・フェ］
Tu fais ［テュ・フェ］
Il(Elle) fait ［イル(エル)・フェ］
Nous faisons ［ヌ・フゾン］
Vous faites ［ヴ・フェット］
Ils(Elles) font ［イル(エル)・フォン］

形容詞 "lourd" とは「重い」という意味で湿気があってうっとうしい天気のときに使います。

曇っていますね。
Il fait nuageux.
［イル・フェ・ニュアジュー］

形容詞 "nuageux (曇った)" を男性名詞 "nuage (雲)" にすると、以下の言い方もできます。

雲がありますね。
Il y a des nuages.
［イリヤ・デ・ニュアージュ］

冠詞を不定冠詞複数形にするため、「雲」は可算名詞だということが分かります。

風がありますね。
Il fait du vent.
［イル・フェ・デュ・ヴァン］

「風」は男性名詞なので「風がある」というときは、部分冠詞＋名詞 "du vent (風)" になることに注意。もちろん風は不可算名詞ですね。"Il y a [ｲﾘﾔ] (～がある)" の構文を使った言い方もあります。

風がありますね。
Il y a du vent.
［イリヤ・デュ・ヴァン］

! この発音に注意！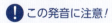

《 au、eau 》
- 唇を丸めて前へ突き出し、舌を後ろに引いて奥の方で [o オ] と発音します。
  gauche [goːʃ ゴーシュ]、chaud [ʃo ショー]、chausser [ʃose ショセ]、aussi [osi オスィ]、eau [o オー]、bateau [bato バトー]、gâteau [gato ガトー]、beau [bo ボー]

Étape 1　日常会話を見てみましょう

((080))

動詞 "faire" の代わりに、天候を表す動詞を使う場合もあります。この場合も非人称 "il" を使います。

雨が降っていますね。
Il pleut.
［イル・プルー］

動詞 "pleuvoir［プルヴォワール］(雨が降る)" をつける形。

雪が降っていますね。
Il neige.
［イル・ネージュ］

動詞 "neiger［ネジェ］(雪が降る)" をつける形。上記の「雨が降る」と同様に非人称構文でしか使われないため、他の人称の活用形はありません。

凍えますね。
Il gèle.
［イル・ジェル］

動詞 "geler［ジュレ］(凍る)" をつけることもできます。

> ～が降る。
> **天候**（冠詞＋名詞）＋ **tombe.**
> ［～＋トンブ］

動詞 "tomber ［トンベ］（落ちる）" を使っても天候を表すことができます。それぞれの名詞には **定冠詞** がつきます。

雨が降っていますね。

La pluie tombe.
［ラ・プリュイ・トンブ］

女性名詞 "pluie ［プリュイ］" は「雨」。

雪が降っていますね。

La neige tombe.
［ラ・ネージュ・トンブ］

女性名詞 "neige ［ネージュ］" は「雪」。

他にもこんな言い方もできます。

夜になりますね。

La nuit tombe.
［ラ・ニュイ・トンブ］

女性名詞 "nuit ［ニュイ］" は「夜」でしたね。

霧が立ちこめています。

Le brouillard tombe.
［ル・ブルイヤール・トンブ］

男性名詞 "brouillard ［ブルイヤール］" は「霧」です。

cent-vingt-sept ［サン・ヴァント・セット］ | 127

Etape 1　日常会話を見てみましょう

03. 「値段が高いです」
値切ってみましょう

((081))

形容詞 "cher [シェール]" は、手紙の文頭などで "cher ＋名前（親愛なる～）" と使う単語ですが、「大切な」とか「高価な」という意味もあるのです。この単語を使って値段が「高い」、「安い」という言い方ができます。

あまりにも高すぎます。
Ça coûte trop cher.
［サ・クート・トロ・シェール］

"Ça coûte" は「値段が～だ」という意味でしたね（☞ P.88）。副詞 "trop [トロ]" は形容詞につけて、「あまりにも～だ」という言い方ができます。

値段が安いです。
Ce n'est pas cher.
［ス・ネ・パ・シェール］

「高いです」を否定文にすれば、「高くない」＝「安い」。「安いレストラン」なら "un restaurant pas cher [アン・レストラン・パ・シェール]"。

安いです。
C'est bon marché.
［セ・ボン・マルシェ］

男性名詞 "marché [マルシェ]" は「市場、取引」という意味。

130 ｜ cent-trente ［サン・トラーント］

もっと安くしてください。

Moins **cher**, s'il vous plaît.
［モワン・シェール、シル・ヴ・プレ］

劣等比較級 "moins[モワン]" をつけて「より安く」という使い方もできます。もし「もっと高く」と頼むことがあるならば、**優等比較級** "plus [プリュ]" をつけて "plus cher [プリュ・シェール]"。

どのくらいの値段にしてもらえますか？

Vous me faites combien ?
［ヴ・ム・フェット・コンビヤン］

動詞 "faire [フェール]（〜にする）" を使って、「どのくらいにして私に売ってくれるか」という形で聞くことができます。**補語人称代名詞** "me [ム]" が入っていますよ（☞ P.72）。

値引きしていただけませんか？

Vous pouvez me faire un prix ?
［ヴ・プヴェ・ム・フェール・アン・プリ］

こちらも**動詞** "faire [フェール]（〜にする）" を使った言い方。不定冠詞をつけた "un prix [アン・プリ]" は「ある価格」ということで、「ある価格にしてください」ということですね。

値引きしていただけませんか？

Pourriez-vous me faire une réduction ?
［プリエ・ヴ・ム・フェール・ユンヌ・レデュクスィヨン］

"Pourriez-vous 〜 ?[プリエ・ヴ]" はより丁寧な言い方でした（☞ P.70）。"**動詞** faire[フェール] + une réduction [ユンヌ・レデュクスィヨン]" で「値引きする」という意味です。

cent-trente-et-un ［サン・トランテ・アン］ | 131

Etape 1　日常会話を見てみましょう

04. 「フランス語を話します」
言葉は重要な問題です

(((082)))

~語を話します。
Je parle ＋ 言語(名詞).
[ジュ・パルル＋~]

動詞 "parler [パルレ] " は「話す」。意味合いとしては「話すことができるか？」ですが、英語同様、「話すか？」という疑問文になります。**定冠詞＋名詞** "le français [ル・フランセ] " で「フランス語」ながら、「フランス語を話す」というときは、"le" をつけない場合が多いです。

フランス語を話せますか？
Parlez-vous français ?
[パルレ・ヴ・フランセ]

はい、少しだけ。
Oui, un peu.
[ウィ、アン・プ]

副詞 "un peu [アン・プ] " は「少し」で、この一言でも返事は OK。

はい、少し話します。
Oui, **je** le **parle** un peu.
[ウィ、ジュ・ル・パルル・アン・プ]

補語人称代名詞 "le" は、"le français" のことですね (☞P.72)。

132　cent-trente-deux [サン・トラント・ドゥー]

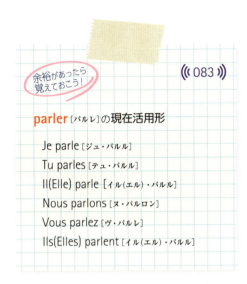

いいえ、フランス語を話しません。
Non, je ne parle pas français.
［ノン、ジュ・ヌ・パルル・パ・フランセ］

でも英語を話します。
Mais je parle anglais.
［メ・ジュ・パルル・アングレ］

「英語」は**定冠詞**をつけて"l'anglais［ラングレ］"。もちろん、逆に「英語を話すか？」聞いてもいいわけです。

英語を話せますか？
Vous parlez anglais ?
［ヴ・パルレ・アングレ］

日本語を話せるんですね！
Vous parlez japonais !
［ヴ・パルレ・ジャポネ］

「日本語」は**定冠詞**をつけて"le japonais［ル・ジャポネ］"。親日家が多いフランス人の中には、今や日本語を学んでいる人もだいぶいるようです。日本語であいさつをされることがあったら、上記の文を返してみてはいかが？

cent-trente-trois［サン・トラント・トロワ］ | 133

Étape 1 日常会話を見てみましょう

(((084)))

```
～語で（によって）
en ＋ 言語（無冠詞名詞）
［アン＋～］
```

言葉が話せるか聞くだけではなく、前置詞 "en [ァン] （～で）" を使って「～語で書かれた」ものがあるかどうかを聞くこともできます。この "en" は男性名詞、女性名詞で変化しませんのでご安心を。

英語のメニューはありますか？
Avez-vous une carte **en** anglais ?
［アヴェ・ヴ・ユンヌ・カルト・アン・ノングレ］

日本語のパンフレットはありますか？
Est-ce qu'il y a une brochure **en** japonais ?
［エス・キリヤ・ユンヌ・ブロシュール・アン・ジャポネ］

日本語のオーディオガイドはありますか？
Il y a un audioguide **en** japonais ?
［イリヤ・アン・ノディオギド・アン・ジャポネ］

いいえ、フランス語のものしかありません。
Non, il n'y en a qu'**en** français.
［ノン、イル・ニヤナ・カン・フランセ］

最後の文の最初の "en" は中性代名詞 (☞ P.51) ということが分かりますか？ 否定形 "ne ～ que" は「～しかない」でした (☞ P.59)。

134 | cent-trente-quatre ［サン・トラント・カトル］

Étape 1　日常会話を見てみましょう

05. 「日本人です」
自己紹介しましょう

(((085)))

～人です。
Je suis ＋ 国籍（無冠詞名詞・形容詞）.
［ジュ・スュイ＋～］

国籍の尋ね方は P.117 で学びました。ここではその返事を見てみましょう。「私は～です」は、**主語人称代名詞**＋**動詞** "être" を使った形です。後ろにくるのは**名詞** "Japonais(e)"、**形容詞** "japonais(e)" の両方があり得ます。注意しなくてはいけないのが、「～人」という**国籍**は、自分が男性か女性かによって形が変わるということ。同時に発音も異なりますので気をつけてください。また国籍には**冠詞をつけません**。

日本人（男性）です。
Je suis Japonais.
［ジュ・スュイ・ジャポネ］

日本人（女性）です。
Je suis Japonaise.
［ジュ・スュイ・ジャポネーズ］

君は日本人（男性）？
Tu es Japonais ?
［テュ・エ・ジャポネ］

ええ、日本人（男性）です。
Oui, je suis Japonais.
［ウィ、ジュ・スュイ・ジャポネ］

136　cent-trente-six ［サン・トラント・スィス］

尋ねる相手が男性か女性かによっても形が変わりますので要注意。それによってこちらも発音が異なります。「あなたは〜ですか？」の"Vous êtes [ヴゼット]"は**リエゾン**しますよ。**動詞** "être" の活用形は P.81 で要チェック。

あなたはフランス人(男性)ですか？
Vous êtes **Français** ?
［ヴゼット・フランセ］

いいえ、イタリア人(男性)です。
Non, je suis **Italien**.
［ノン、ジュ・スュイ・イタリアン］

あなたは中国人(女性)ですか？
Vous êtes **Chinoise** ?
［ヴゼット・シノワーズ］

いいえ、日本人(女性)です。
Non, je suis **Japonaise**.
［ノン、ジュ・スュイ・ジャポネーズ］

cent-trente-sept ［サン・トラント・セット］ | **137**

国籍いろいろ

《 086 》

代表的な国籍を見てみましょう。女性形は男性形の語尾に "e" をつけた形です。発音をしっかり確認してね（**国籍を尋ねる表現** ☞ P.117）。

		男性形	女性形
	日本人	Japonais [ジャポネ]	Japonaise [ジャポネーズ]
	中国人	Chinois [シノワ]	Chinoise [シノワーズ]
	韓国人	Coréen [コレアン]	Coréenne [コレエンヌ]
	フランス人	Français [フランセ]	Française [フランセーズ]
	イギリス人	Anglais [アングレ]	Anglaise [アングレーズ]
	イタリア人	Italien [イタリアン]	Italienne [イタリエンヌ]
	ドイツ人	Allemand [アルマン]	Allemande [アルマーンド]
	スペイン人	Espagnol [エスパニョル]	Espagnole [エスパニョル]
	アメリカ人	Américain [アメリカン]	Américaine [アメリケーヌ]

138 | cent-trente-huit [サン・トランテュイット]

06. 「学生です」
職業を言いましょう

《 087 》

~の職業です。
Je suis ＋ 職業（無冠詞名詞）.
［ジュ・スュイ＋～］

こちらも前回に引き続き、「私は～です」の**主語人称代名詞**＋**動詞** "être" を使った形です。職業名も男性形、女性形に気をつけてくださいね。職業にも**冠詞はつけません**。

学生（男性）です。
Je suis étudiant.
［ジュ・スュイ・ゼテュディヤン］

学生（女性）ですか？
Vous êtes étudiante ?
［ヴゼット・ゼテュディヤント］

はい、休暇中です。
Oui, je suis en vacances.
［ウィ、ジュ・スュイ・ザン・ヴァカンス］

女性名詞 "vacances [ヴァカンス]（休暇）" は、常に**複数形**です。**前置詞**とともに "en vacances [アン・ヴァカンス]" は、「休暇中」という意味。"Vous êtes en vacances ? [ヴゼット・ザン・ヴァカンス]（休暇中ですか？）" と聞かれることも。

いいえ、働いています。
Non, je travaille.
［ノン、ジュ・トラヴァイユ］

動詞 "travailler [トラヴァィエ]" は「働く」という意味です。

cent-trente-neuf [サン・トラント・ヌフ] | 139

Étape 1 日常会話を見てみましょう

仕事を聞かれるフレーズはいくつかあります。疑問形容詞 "quel" (☞ P.115) か、疑問代名詞 "que" (☞ P.98) を使った疑問文が一般的です。

お仕事は何ですか？

Quel est votre métier ?
［ケレ・ヴォトル・メティエ］

お仕事は何ですか？

Quelle est votre profession ?
［ケレ・ヴォトル・プロフェスィヨン］

何をなさっているのですか？

Que faites-vous dans la vie ?
［ク・フェット・ヴ・ダン・ラ・ヴィ］

教師です。

Je suis **professeur**.
［ジュ・スュイ・プロフェスール］

❗ この発音に注意！　　　　　　　　　　　　　(《 088 》)

《 **qu** 》

● [k ク] と発音します。
que [k(ə) ク]、quoi [kwa クワ]、quand [kã カン]、qui [ki キ]、quel [kɛl ケル]、boutique [butik ブティック]、jonquille [ʒɔ̃kij ジョンキーユ]

《 **gu** 》

● [g グ] と発音します。
baguette [bagɛt バゲット]、guichet [giʃɛ ギシェ]、audioguide [odjogid オディオギド]

140 | cent-quarante [サン・カラント]

いろいろな職業

(((089)))

一般的な職業の種類を挙げてみます。女性の社会進出に伴い、以前は男性形だった名詞が、現在では女性形としても使われる場合があります。自分の職業の単語は調べておきましょう。

	男性形	女性形
学生	étudiant [エテュディヤン]	étudiante [エテュディヤント]
主夫/主婦	homme au foyer [オム・オ・フォワイエ]	femme au foyer [ファム・オ・フォワイエ]
会社員	employé de bureau [アンプロワイエ・ドゥ・ビュロー]	employée de bureau [アンプロワイエ・ドゥ・ビュロー]
銀行員	employé de banque [アンプロワイエ・ドゥ・バンク]	employée de banque [アンプロワイエ・ドゥ・バンク]
公務員	fonctionnaire [フォンクスィヨネール]	fonctionnaire [フォンクスィヨネール]
教師	professeur [プロフェスール]	professeure(e) [プロフェスール]
小学校の先生	instituteur [アンスティテュトゥール]	institutrice [アンスティテュトリス]
医者	médecin [メドゥサン]	médecin [メドゥサン]
看護師	infirmier [アンフィルミエ]	Infirmière [アンフィルミエール]
技術士	ingénieur [アンジェニュール]	ingénieure [アンジェニュール]
商人	commerçant [コメルサン]	commerçante [コメルサント]

cent-quarante-et-un [サン・カランテ・アン] | 141

Étape 1　日常会話を見てみましょう

07. 「東京に住んでいます」
住んでいる場所も話題のひとつ

((090))

~に住んでいます。
J'habite + **à** 場所(名詞).
［ジャビッタ～］

動詞 "habiter［アビテ］(住む)" に **前置詞** "à(～に)" をつけた形です。この前置詞は "aller à (～に行く)" (☞P.42) と同じもの。したがって、後ろに続く場所の名詞が男性か女性かによって形が変わります。

日本ではどちらにお住まいですか？
Où habitez-vous au Japon ?
［ウ・アビテ・ヴ・オ・ジャポン］

「日本」は**男性名詞**の "le Japon" のため、"à + le" で "au" ですね。国名は大文字始まりです。

東京に住んでいます。
J'habite à Tokyo.
［ジャビッタ・トーキョー］

都市名の**固有名詞**は**無冠詞**で変化なしでした。

パリに住んでいらっしゃるのですか？
Vous habitez à Paris ?
［ヴザビテ・ア・パリ］

いいえ、郊外に住んでいます。
Non, j'habite en banlieue.
［ノン、ジャビット・アン・バンリュー］

女性名詞 "banlieue (郊外)" は "en" になります。

142 | cent-quarante-deux［サン・カラント・ドゥー］

⚠ この発音に注意！　　　　　　　　　　　　　　((091))

《 h 》

- フランス語では"h"は発音しません。"h"は"有音"、"無音"の2種類に分かれ、それぞれ下記の違いがあります。
- "**有音のh**"は通常の子音字のように前にくる単語が何であれ、リエゾン、エリズィヨン、アンシェヌマンはしません。

　　huit [ɥit ユイット]　　→　dans huit jours [ダン・ユイ・ジュール]
　　　　　　　　　　　　　　　（後に子音字、有音のhがくると後末の"t"を発音しない）
　※dix-huit heures [ディズユイトゥール]　（数詞＋数詞はリエゾンする）
　　homard [oma:r オマール]　→　le homard [ル・オマール]

- "**無音のh**"は通常の母音字のように、前にくる単語によってリエゾン、エリズィヨン、アンシェヌマンします。

　　herbe [εrb エルブ]　　→　les herbes [レ・ゼルブ]
　　heure [œ:r ウール]　　→　trois heures [トロワ・ズゥール]
　　hier [jε:r イエール]　　→　avant-hier [アヴァン・ティエール]
　　habiter [abite アビテ]　→　j'habite [ジャビット]

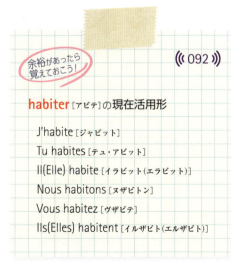

((092))

余裕があったら覚えておこう！

habiter [アビテ] の現在活用形

J'habite [ジャビット]
Tu habites [テュ・アビット]
Il(Elle) habite [イラビット (エラビット)]
Nous habitons [ヌザビトン]
Vous habitez [ヴザビテ]
Ils(Elles) habitent [イルザビト (エルザビト)]

cent-quarante-trois [サン・カラント・トロワ] | 143

Étape 2　過去形を作ってみましょう

08. 「すでに終わったこと」
複合過去と言います

今までは現在形の文のみを見てきましたが、ここで少しだけ**過去形**を見てみましょう。フランス語には他にも過去を表す形がありますが、この**複合過去**が日常的にもっともよく使われる過去形です。この過去形は**すでに終わった**ことを表せます。

複合過去 ＝ 主語 ＋ 助動詞 ＋ 過去分詞

この**助動詞**は"avoir[アヴォワール]"と"être[エトル]"の2種類があります。すでに出てきた**動詞**"avoir"と"être"を**現在活用形**で使うだけなので、何も難しいことはありません。続く**過去分詞**とは**動詞の過去形**のこと。その変化形をそれぞれ覚えなくてはいけないので、ちょっと厄介かもしれません。また、"avoir"と"être"をとる動詞の種類が異なるので注意が必要です。とはいっても、"être"の方は限られた動詞のみで、"avoir"はその他多くの動詞となるので、"être"をとる動詞だけを覚えておけばOKです。

主語 ＋ être ＋ 過去分詞（主に移動を表す自動詞）
[〜＋エトル＋〜]

aller[アレ]（行く）　　　venir[ヴニール]（来る）
partir[パルティル]（出発する）　arriver[アリヴェ]（到着する）
sortir[ソルティル]（出る）　　entrer[アントレ]（入る）
monter[モンテ]（昇る）　　descendre[デサーンドル]（降りる）
　　　　　　　　　　　　　　　　　　　　　　　など

主語 ＋ avoir ＋ 過去分詞（他動詞と多くの自動詞）
[〜＋アヴォワール＋〜]

また、**助動詞**"être"をとる**過去分詞**は**主語が女性**ならば語尾に"e"をつけ、**複数**ならば語尾に"s"をつけて形が変化することも注意すべき点です（発音は変わりません）。

cent-quarante-cinq [サン・カラント・サンク] | 145

Étape 2　過去形を作ってみましょう

09. 「日本に行ったことがありますか?」
日本を話題にしてみましょう　((093))

旅行中で会話をしやすい話題といえば、日本に関することでしょう。とりあえず、相手に日本に行ったことがあるか、聞いてみてはいかがですか? ここで出てくるのが**複合過去**です。

> ～に行ったことがありますか?
> ## Vous êtes allé + à 場所(名詞)?
> [ヴゼット・アレ+ア～]

動詞 "aller [アレ] (行く) "の**過去分詞**は "allé [アレ] " です。でもよく見てください。綴りは異なりますが、**発音は同じ**です。また、主語が女性の場合は "allée [アレ] " と語尾に "e" がつき、複数の場合は "allés [アレ] "、"allées [アレ] " と語尾に "s" がつきますが、こちらも発音は同じ。話すだけならば、そんなに難しくはないですよね。**助動詞**は "être" です。

日本に行ったことがありますか?
Vous êtes allé au Japon ?
[ヴゼット・ザレ・オ・ジャポン]

「日本に」は "au Japon"。"Vous êtes [ヴゼット] " は**リエゾン**することに注意。

えぇ、1回行ったことがあります。
Oui, j'y suis allé une fois.
[ウィ、ジ・スュイ・ザレ・ユンヌ・フォワ]

いいえ、まったくありません。
Non, jamais.
[ノン、ジャメ]

この一言で答えることもできますが、文を作るならば、"je n'y suis jamais allé [ジュ・ニ・スュイ・ジャメ・ザレ] (まったく行ったことがありません) " となります。**否定形** "ne ～ jamais" は「決して～ない」で**助動詞をはさんで**否定文を作ります。"y" は**副詞的代名詞**で "au Japon" の代用です (☞ P.148)。

146 | cent-quarante-six [サン・カラント・スィス]

10. 「フランスに来たことがあります」
フランスを話題にしてみましょう　（(094)）

フランスに旅行に来て、「フランスは初めてか」と聞かれることも多いです。前回は「日本に行く」で動詞 "aller [アレ]" を使いましたが、「現在いる場所（フランス）に来る」という場合は動詞 "venir [ヴニール]" を使います。これがもし、日本にいて話す話題ならば「日本に来る（venir）」、「フランスに行く（aller）」となることに気をつけて。

〜に来たことがあります。

Je suis venu + à 場所（名詞）.
［ジュ・スュイ・ヴニュ＋ア〜］

動詞 "venir [ヴニール]" の過去分詞は "venu [ヴニュ]"。発音が異なりますのでしっかり覚えましょう。移動を表す動詞なので、複合過去は助動詞 "être" をとります。こちらも女性ならば "venue [ヴニュ]"、複数ならば "venus [ヴニュ]"、"venues [ヴニュ]" です。

フランスにすでに来たことがありますか？
Vous êtes déjà **venu** en France ?
［ヴゼット・デジャ・ヴニュ・アン・フランス］

「フランスに」は "en France"、覚えましたか？

いいえ、来たことはまったくありません。
Non, **je** n'y **suis** jamais **venu**.
［ノン、ジュ・ニ・スュイ・ジャメ・ヴニュ］

"C'est la première fois. [セ・ラ・プルミエール・フォワ]（初めてです）" と答えることもできます。副詞的代名詞 "y" は "en France" のことですね（☞ P.148）。

はい、すでに2回来たことがあります。
Oui, **j'y suis** déjà **venu** deux fois.
［ウィ、ジ・スュイ・デジャ・ヴニュ・ドゥー・フォワ］

"数詞＋fois" で回数を表すことができます。trois fois [トロワ・フォワ]（3回）、quatre fois [カトル・フォワ]（4回）…… plusieurs fois [プリュズィユール・フォワ]（何回も）。

cent-quarante-sept [サン・カラント・セット]　147

Étape 2　過去形を作ってみましょう

11. 「そこに」
場所を置き換えて言いましょう

((095))

さて、前回出てきた副詞的代名詞"y"とは、"à＋場所"、"dans＋場所"などの前置詞＋場所の代用ができるものです。分かりやすく現在形の文で見てみます。

日本に行きますか？
Allez-vous **au Japon** ?
［アレ・ヴ・オ・ジャポン］

はい、(そこに) 行きます。
Oui, j'**y** vais.
［ウィ・ジ・ヴェ］

"au Japon"を繰り返さず、代用として"y"が使われているのが分かりますね。

いいえ、(そこに) 行きません。
Non, je n'**y** vais pas.
［ノン、ジュ・ニ・ヴェ・パ］

否定文の場合は、"ne"と動詞の間に"y"を入れます。

148　cent-quarante-huit ［サン・カランテュイット］

日本に行ったことがありますか？

Êtes-vous allée au Japon ?

［エット・ヴ・アレ・オ・ジャポン］

えぇ、（そこに）行ったことがあります。

Oui, j'**y** suis allée.

［ウィ、ジ・スュイ・ザレ］

複合過去の文になった場合は、**助動詞の前**に "y" を入れます。"allée" と女性形になっているので主語が女性ということが分かりますね。

いいえ、（そこに）行ったことがありません。

Non, je n'**y** suis pas allée.

［ノン、ジュ・ニ・スュイ・パ・ザレ］

複合過去の**否定文**の場合は、**"ne"** と助動詞の間に "y" を入れます。

じゃ、行こう！

On y va !

［オニ・ヴァ］

この言葉は聞いたことがある人もいるかもしれません。掛け声という感じで使われることが多いのですが、**不定代名詞** "on" と**動詞** "aller" を使って、「そこに行きましょう！」という意味合いがあることが分かりますね。

でも、実際に話す場面では副詞的代名詞まで考えてはいられないですよね。この "y" を使わなくとも言いたいことは**相手に十分通じる**から大丈夫。会話に慣れてきたら徐々に、がんばって使ってみてください。

cent-quarante-neuf［サン・カラント・ヌフ］ | 149

Étape 2　過去形を作ってみましょう

12. 「〜しました」
旅行中に使う過去形

((096))

複合過去の助動詞 "avoir" をとる動詞はたくさんあるので、ここでは旅行中よく使われる複合過去のフレーズを挙げてみます。過去分詞の形さえ覚えてしまえば、そんなに難しくはありません。助動詞 "être" のときのように主語が男性か女性か複数かによって**変化もない**からラクですよ（直接目的語が動詞の前にある場合は変化あり）。

すでに注文されましたか？
Vous avez déjà commandé ?
［ヴザヴェ・デジャ・コマンデ］

いいえ、まだ注文していません。
Non, je n'ai pas encore commandé.
［ノン、ジュ・ネ・パ・ザンコール・コマンデ］

動詞 "commander［コマンデ］（注文する）" の過去分詞は "commandé［コマンデ］" で、同じ発音ですね。レストランやパン屋さんなどで注文する際に聞かれることがあるフレーズ。

150　cent-cinquante［サン・サンカーント］

終わりましたか？
Vous avez fini ?
［ヴザヴェ・フィニ］

動詞 "finir [フィニール]（終える）" の過去分詞は "fini [フィニ]"。形容詞として使われる "C'est fini [セ・フィニ]?"（☞ P.101）でも出てきました。レストランやカフェなどで食事が終わったかと尋ねられるときのフレーズ。

はい、終わりました。
Oui, j'ai terminé.
［ウィ、ジェ・テルミネ］

動詞 "terminer [テルミネ]（終える）" の過去分詞は "terminé [テルミネ]"。発音が同じです。上記の "finir" に替えて "j'ai fini. [ジェ・フィニ]" と答えても。

J'ai terminé.

Étape 2　過去形を作ってみましょう

予約しましたか？

Avez-vous réservé ?
［アヴェ・ヴ・レゼルヴェ］

予約はありますか？

Avez-vous une réservation ?
［アヴェ・ヴ・ユンヌ・レゼルヴァスィヨン］

非常に似通った2つの言い方があるので注意しましょう。最初の文は**助動詞** "avoir"
＋**過去分詞の複合過去**ですね。次の文は**動詞** "avoir" ＋ **直接目的語**の「〜を持ってい
る」という意味です。

はい、昨日予約しました。

Oui, **j'ai** réservé hier.
［ウィ、ジェ・レゼルヴェ・イエール］

動詞 "réserver [レゼルヴェ] (予約する) "の**過去分詞**は "réservé [レゼルヴェ] "。これも同
じ発音です。レストランやホテルなどで、予約をしたかどうかを言うことができます。

先に出てきた**動詞** "commander"、"terminer"、"réserver"は、**過去分詞**の**語尾が"é"**
で終わり、**動詞**の**原形と同じ発音**をすることが分かりました。これら3つの単語の
共通点が分かりますか？ はい、3つとも動詞の**原形**の**語尾が"er"**で終わっています
ね。これらは**-er規則動詞**と呼ばれ、規則的な活用をする動詞です（現在活用形は
P.133のparlerと同様）。したがって過去分詞の形もみんな同じ。フランス語の動詞
の多くがこの分類に当てはまるため、「過去分詞の形を覚えるのが大変！」とあせる必
要はないのです。まずは簡単な**-er規則動詞**を使って複合過去の文を作ってみては
いかがでしょう。

152　cent cinquante-deux [サン・サンカント・ドゥー]

「すでに」か「まだ」か

《 097 》

複合過去の文の中でよく出てきた単語があります。副詞 "déjà [デジャ] (すでに)" と "encore [アンコール] (まだ)" です。よく使う言葉なので覚えておきましょう。入れる場所は動詞の後ろ、複合過去の場合は助動詞の後ろです。

もう食べました。
J'ai **déjà** mangé.
［ジェ・デジャ・マンジェ］

複合過去とともにすでに終わったことを表します。

まだ食べています。
Je mange **encore**.
［ジュ・マンジュ・アンコール］

現在形とともに使うとまだしているという進行形の表現ができます。

まだ食べません。
Je ne mange pas **encore**.
［ジュ・ヌ・マンジュ・パ・ザンコール］

否定形とともに使うとまだしないという意味になります。

まだ食べていません。
Je n'ai pas **encore** mangé.
［ジュ・ネ・パ・ザンコール・マンジェ］

複合過去と否定形とともに使うとまだしていないとなります。

もう食べましたか？
Vous avez **déjà** mangé ?
［ヴザヴェ・デジャ・マンジェ］

まだです。
Pas **encore**.
［パ・ザンコール］

一言で答えることもできます。

cent-cinquante-trois ［サン・サンカント・トロワ］ | 153

Étape 3   未来形を作ってみましょう

13. 「〜しようとする」「〜するつもり」
近い未来のことです

次は未来の形を見てみましょう。「〜しようとしています」、「〜するつもりです」という表現ができるため、**近い未来**と言われています。未来形も過去形同様に、フランス語にはいろいろな種類がありますが、この近い未来が日常的によく使う形です。

近い未来 = 主語 + aller + 不定詞
[〜＋アレ＋〜]

動詞は "aller [アレ]" のひとつだけなので、複合過去よりも簡単。さらに後ろに続くのは**不定詞**である**動詞の原形**なので、もっと簡単です。ひとつ注意しなくてはいけないのが、"aller ＋ **不定詞**" の同じ形で、「〜しに行く（目的）」という意味もあるということ。でも「これから〜しに行きます」という予定（未来）を言っているわけなので、特に違いに神経質にならなくても大丈夫。話し言葉では、**近い未来**の形にせず、**現在形のまま**で「これから〜する」という言い方をすることがよくあります。

Je vais visiter la cathédrale Notre-Dame.

Étape 3　未来形を作ってみましょう

14. 「～するつもりです」
予定を話しましょう

(((098)))

現在形を使ってもある程度の予定が話せるとはいえ、近い未来の形を覚えておけば、会話の幅がより広がりそうです。

> ～するつもりです。
> **Je vais** ＋ これからする（したい）こと（不定詞）．
> ［ジュ・ヴェ＋～］

明日は何をするつもりですか？
Qu'est-ce que **vous allez** faire demain ?
［ケ・ス・ク・ヴザレ・フェール・ドゥマン］

現在形でも同じ意味合いで尋ねることができます。

明日は何をしますか？
Qu'est-ce que vous faites demain ?
［ケ・ス・ク・ヴ・フェット・ドゥマン］

ルーヴル美術館に行くつもりです。
Je vais aller au musée du Louvre.
［ジュ・ヴェ・アレ・オ・ミュゼ・デュ・ルーヴル］

近い未来 "aller" に不定詞 "aller" をつなげた形もアリです。この場合も現在形でも言えます。

ルーヴル美術館に行きます。
Je vais au musée du Louvre.
［ジュ・ヴェ・オ・ミュゼ・デュ・ルーヴル］

156　cent-cinquante-six ［サン・サンカント・スィス］

フランスを旅しますか？

Voyagez-vous en France ?
[ヴォワイヤジェ・ヴ・アン・フランス]

はい、明後日にニースへ出発するつもりです。

Oui, je vais partir pour Nice après-demain.
[ウィ、ジュ・ヴェ・パルティル・プール・ニース・アプレ・ドゥマン]

動詞"voyager [ヴォワイヤジュ]"は「旅する」。**動詞**"partir [パルティル] (出発する)"には**前置詞**"pour [プール] (〜へ)"がつきます。

ノートルダム大聖堂を見学しましたか？

Avez-vous visité la cathédrale Notre-Dame de Paris ?
[アヴェ・ヴ・ヴィズィテ・ラ・カテドラル・ノートル・ダム・ドゥ・パリ]

いいえ、でも見学するつもりです。

Non, mais je vais la visiter.
[ノン、メ・ジュ・ヴェ・ラ・ヴィズィテ]

動詞"visiter [ヴィズィテ] (見学する)"は**直接目的語**を取る動詞。"la cathédrale"は**補語人称代名詞**"la"に置き換え、**近い未来**"aller"と**不定詞**の間に入れます (☞P.72)。**接続詞**"mais [メ]"は「しかし〜」と前文と対立する文をつなげられます。

すでに切符を買いましたか？

Vous avez déjà acheté votre billet ?
[ヴザヴェ・デジャ・アシュテ・ヴォトル・ビエ]

いいえ、でも午後に買いに行きます。

Non, mais je vais l'acheter cet après-midi.
[ノン、メ・ジュ・ヴェ・ラシュテ・セ・タプレ・ミディ]

これが"aller + **不定詞** (〜しに行く)"の文ですが、「午後に買うつもりです」と訳しても問題はありませんよね。**所有形容詞**"votre [ヴォトル] (あなたの)"をつけた"votre billet"を**補語人称代名詞**"le"で代用 (☞P.72)。

cent-cinquante-sept [サン・サンカント・セット]　| 157

Étape 3　未来形を作ってみましょう

いつ日本に戻るのですか？

Quand est-ce que vous retournez au Japon ?
［カン・テ・ス・ク・ヴ・ルトゥルネ・オ・ジャポン］

土曜朝に発ちます。

Je vais partir samedi matin.
［ジュ・ヴェ・パルティル・サムディ・マタン］

疑問副詞の**疑問文** "Quand est-ce ［カン・テ・ス］" の**リエゾン**の仕方をお間違えなく。
動詞 "retourner ［ルトゥルネ］" は「元いた場所に戻る」という意味。

パリに再び来るつもりですか？

Vous allez **revenir à Paris ?**
［ヴザレ・ルヴニール・ア・パリ］

えぇ、そう願います！

Oui, je l'espère !
［ウィ、ジュ・レスペール］

動詞 "revenir ［ルヴニール］" は「再び来る」で、今いるところに戻るということ。**動詞**
"espérer ［エスペレ］" は「〜を期待する」という意味です。**中性代名詞** "le" は "revenir à
Paris" の代用ですね（☞P.53）。

❗ この発音に注意！《 r 》　　　　　　　　　　　　　　　　　（((099)))

- 舌先を下前歯の裏側につけたままで舌の後方を持ち上げ、上あごとの隙間で
  出す振動音が［r］の発音。カタカナではラ行で表記していますが、実際は［グ］
  に近い音です。単語内の位置によって発音の仕方が異なります。

- 語頭に来る場合はしっかり発音します。
  rien ［rjɛ̃ リヤン］、rouge ［ru:ʒ ルージュ］、revenir ［rəvni:r ルヴニール］

- er規則動詞の語末は発音しません。
  aller ［ale アレ］、manger ［mɑ̃ʒe マンジェ］、retourner ［r(ə)turne ルトゥルネ］

- 語末にくる場合はかすかな音だけを添えます。
  jour ［ʒu:r ジュール］、vouloir ［vulwa:r ヴロワール］、soir ［swa:r ソワール］

- 子音字の後の "r" は、前の子音字と同化したように聞こえるので要注意。
  prendre ［prɑ̃:dr プラーンドル］、français ［frɑ̃sɛ フランセ］、très ［trɛ トレ］

- 母音字の後の "r(r)" は軽く短く発音。
  verre ［vɛ:r ヴェール］、merci ［mɛrci メルスィ］、dessert ［desɛ:r デセール］

- 「さようなら」も、中ほどの "r" はかすかな音だけです。
  au revoir ［オ・ルヴォワール］　→　実際には［オーヴォワール］に近い発音。

---

158 | cent-cinquante-huit ［サン・サンカンテュイット］

「昨日」「今日」「明日」を覚えましょう

((100))

過去形や**未来形**を話すことになると出てくるのが、それが「いつ」かということ。さらに時間帯を具体的にするために、P.8の「朝」「昼」「晩」をつけることもできます。欄内の"ce"、"cet"は**指示形容詞**(☞P.66) です。

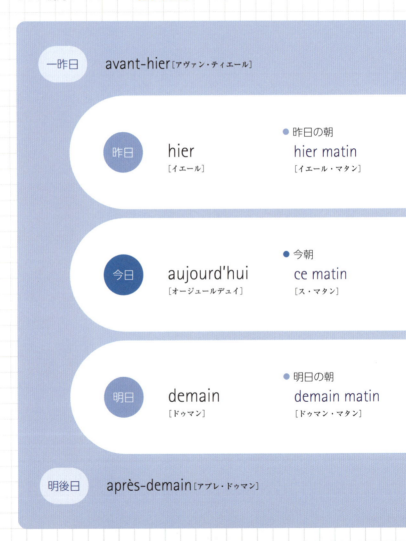

一昨日	avant-hier [アヴァン・ティエール]	
昨日	hier [イエール]	● 昨日の朝 hier matin [イエール・マタン]
今日	aujourd'hui [オージュールデュイ]	● 今朝 ce matin [ス・マタン]
明日	demain [ドゥマン]	● 明日の朝 demain matin [ドゥマン・マタン]
明後日	après-demain [アプレ・ドゥマン]	

- 昨日の昼
hier midi
［イエール・ミディ］

- 昨日の午後
hier après-midi
［イエール・アプレ・ミディ］

- 昨日の晩
hier soir
［イエール・ソワール］

- 今日の昼
ce midi
［ス・ミディ］

- 今日の午後
cet après-midi
［セ・タプレ・ミディ］

- 今晩
ce soir
［ス・ソワール］

- 明日の昼
demain midi
［ドゥマン・ミディ］

- 明日の午後
demain après-midi
［ドゥマン・ナプレ・ミディ］

- 明日の晩
demain soir
［ドゥマン・ソワール］

Annexe

フランス語の発音

フランス語を話すために通らなくてはいけない関門が発音です。独特のルールやさまざまな例外がありますが、読み方はフランス語に慣れ親しんでいるうちに自然と身について来ます。しかし発音は日本語にない音もあるため、日本人には難しい部分があります。ここでは、基本的な母音字の発音から、特に注意すべき子音字の発音をまとめてみました。ネイティブの発音を参考に、自分で声に出しながら何度も繰り返して覚え、流れるように美しいフランス語を話せるようになってくださいね。

まずはフランス語のアルファベットを覚えましょう

Alphabet [アルファベ]　　　　　　　　　　　　　　《 101 》

母 音	子 音				
A a [ア]	**B b** [ベ]	**C c** [セ]	**D d** [デ]		
E e [ウ]	**F f** [エフ]	**G g** [ジェ]	**H h** [アッシュ]		
I i [イ]	**J j** [ジ]	**K k** [カ]	**L l** [エル]	**M m** [エム]	**N n** [エヌ]
O o [オ]	**P p** [ペ]	**Q q** [キュ]	**R r** [エール]	**S s** [エス]	**T t** [テ]
U u [ユ]	**V v** [ヴェ]	**W w** [ドゥブルヴェ]	**X x** [イクス]		
Y y [イグレック]	**Z z** [ゼッドゥ]				

アルファベットをもっともよく使うのが名前の綴りを言う時。自分の名前をアルファベットで書き出して覚えておきましょう。

Nom ＿＿＿＿＿＿＿＿＿＿＿＿＿＿＿＿＿＿＿＿＿＿＿＿＿

Prénom ＿＿＿＿＿＿＿＿＿＿＿＿＿＿＿＿＿＿＿＿＿＿＿＿＿

162 ｜ cent-soixante-deux [サン・ソワサント・ドゥー]

綴り字記号 《《102》》

フランス語には左記の26文字に加えて、綴り字記号をつけて使われる場合があります。大文字の場合は、綴り字記号を省略するのが一般的です。

- accent [アクサン]　アクサン記号
  accent aigu [アクサン・テギュ]　é
  accent grave [アクサン・グラーヴ]　à、è、ù
  accent circonflexe [アクサン・スィルコンフレックス]　â、ê、î、ô、û
- cédille [セディーユ]　ç
- tréma [トレマ]　ë、ï、ü
- apostrophe [アポストロフ]　'
- trait d'union [トレ・デュニオン]　−

母音字

❶ 単母音字

> (m.)：男性名詞　(f.)：女性名詞

《 a、à、â 》 《《103》》

- 舌を前寄りにして唇を左右に引く[aア]。

  tarte [tart タルト] (f.) タルト、aller [ale アレ] 行く、là [la ラ] そこ

- 舌を後ろ寄りにして唇を丸くする[ɑア]ですが、[aア]とあまり区別をつけなくても大丈夫です。

  château [ʃɑto シャトー] (m.) 城、pâtisserie [pɑtisri パティスリー] (f.) パティスリー

《 e、é、è、ê 》 ☞ P.23 《《104》》

- 語末にくる"e"は発音されませんが、常に小さく[ゥ]がつく感じです。

  table [tabl ターブル] (f.) テーブル、crème [krɛm クレム] (f.) クリーム、
  salade [salad サラド] (f.) サラダ

- 語中の"e"で終わる音節は[əゥ]または発音しません。唇を丸く突き出し、舌を前寄りにして発音。

  ceci [səsi ススィ] これ、première [prəmjɛːr プルミエール] 初めての、
  petit [p(ə)ti プティ] 小さい、avenue [avny アヴニュ] (f.) 大通り、
  mademoiselle [madmwazɛl マドモワゼル] お嬢さん

- 子音字の前にくる"e"は[eエ]、[ɛエ]。[e]は、唇を左右に引き、舌先を下前歯に押し付けて発音し、[ɛ]は口を上下に広く開け、舌を前寄りにして発音しますが、違いを特に気にしなくてもOK。

  des [de デ] いくつかの、manger [mɑ̃ʒe マンジェ] 食べる、et [e エ] 〜と〜、
  elle [ɛl エル] 彼女、avec [avɛk アヴェク] 〜と一緒に、
  excuser [ɛkskyze エクスキュゼ] 許す

- アクサン記号のついた"é、è、ê"は[eエ]、[ɛエ]と発音。

  métro [metro メトロ] (m.) 地下鉄、chèvre [ʃɛːvr シェーヴル] (f.) ヤギ、
  être [ɛtr エトル] 〜である

cent-soixante-trois [サン・ソワサント・トロワ] | 163

| Annexe | フランス語の発音 |

《 i、î、y 》　　　　　　　　　　　　　　　　　　　　　　　　　《((105))》

● 唇を左右に引いて日本語の「イ」よりも鋭く発音しますが、日本語の「イ」でも伝わります。

ticket [tikɛ ティケ] (m.) 切符、dîner [dine ディネ] (m.) 夕食、
stylo [stilo スティロ] (m.) ペン

《 o、ô 》　　　　　　　　　　　　　　　　　　　　　　　　　《((106))》

● 唇を丸めて突き出し、舌は後ろに引く日本語の「オ」の[o オ]。

numéro [nymero ニュメロ] (m.) 番号、hôtel [otɛl オテル] (m.) ホテル、
kilo [kilo キロ] (m.) キログラム

● 口を少し開き気味にして発音する[ɔ オ]ですが、[o オ]とあまり違いはありません。

bonne [bɔn ボヌ] よい、photo [fɔto フォト] (f.) 写真、
comment [kɔmã コマン] どのように

《 u、û 》　　　　　　　　　　　　　　　　　　　　　　　　　《((107))》

● 唇を丸くして突き出し、舌を引いて発音する[y ユ]。

pull [pyl ピュル] (m.) セーター、chaussure [ʃosy:r ショスュール] (f.) 靴、
mûrir [myri:r ミュリール] 熟す

母音の前にある場合は半母音の[ɥ ユ]。

nuit [nɥi ニュイ] (f.) 夜、nuage [nɥa:ʒ ニュアージュ] (m.) 雲

❷ 複母音字

《 ai、aî、ei 》　☞ P.71　　　　　　　　　　　　　　　　　《((108))》

● 口を上下に広く開け、舌を前寄りにして発音する[e エ]です。

aider [ede エデ] 助ける、aimer [eme エメ] 愛する、
renseigner [rãseɲe ランセニエ] 教える

● 唇を左右に引き、舌先を下前歯に押し付けて発音する[ɛ エ]の場合もあり。

plaire [plɛ:r プレール] 気に入る、caisse [kɛs ケス] (f.) レジ、
japonais [ʒaponɛ ジャポネ] (m.) 日本語、neige [nɛ:ʒ ネージュ] (f.) 雪

《 au、eau 》　☞ P.123　　　　　　　　　　　　　　　　　《((109))》

● 唇を丸めて前へ突き出し、舌を後ろに引いて奥の方で[o オ]と発音します。まれに[ɔ オ]。

gauche [go:ʃ ゴーシュ] 左の、chaud [ʃo ショー] 暑い、
chausser [ʃose ショセ] 履く、aussi [osi オスィ] 〜と同じく、
restaurant [rɛstɔrã レストラン] (m.) レストラン、
eau [o オー] (f.) 水、bateau [bato バトー] (m.) 船、
gâteau [gato ガトー] (m.) ケーキ、beau [bo ボー] 美しい

164 | cent-soixante-quatre [サン・ソワサント・カトル]

《 eu、œu 》 ☞ P.27　　　　　　　　　　　　　　　((110))

● 唇をすぼめ、舌先を下前歯の裏側に当てて発音する[øゥ]。

　deux [døドゥー] 2つの、délicieux [delisjøデリスィユー] おいしい

● [ø]よりも口を少し開き、舌先を下前歯の裏側に当てて発音する[œゥ]。

　fleur [flœ:rフルール] (f.) 花、déjeuner [deʒœneデジュネ] (m.) 昼食、
　heure [œ:rゥール] (f.) 〜時、œuf [œfゥフ] (m.) 卵、sœur [sœ:rスール] (f.) 姉妹

《 ou、où、oû 》　☞ P.27　　　　　　　　　　　((111))

● 唇を丸めて前に突き出し、舌を後ろに引いて奥で発音する[uゥ]。

　vous [vuヴ] あなた、tout [tuトゥー] すべての、
　bougie [buʒiブジー] (f.) ろうそく、pour [purプール] 〜のために、
　jour [ʒu:rジュール] (m.) 1日、tourner [turneトゥルネ] 曲がる、
　boulevard [bulva:rブールヴァール] (m.) 大通り、où [uゥ] どこに、
　coûter [kuteクテ] 値段が〜である

《 oi、oî 》　☞ P.76　　　　　　　　　　　　　((112))

● "o"と"i, î"がくっつくと[waオワ]の発音になります。

　moi [mwaモワ] 私、devoir [d(ə)vwa:rドゥヴォワール] 〜すべきである、
　droit [drwaドロワ] まっすぐ、boîte [bwatボワット] (f.) 箱

《 ay、ey 》　☞ P.71　　　　　　　　　　　　　((113))

● 後ろに"y"がくっつくと[ejエイ]の発音になるのでご注意。

　essayer [esejeエセイエ] 試す、payer [pejeペイエ] 支払う

《 oy 》　☞ P.76　　　　　　　　　　　　　　　((114))

● "o"と"y"がくっつくと[wajオワイ]。

　voyager [vwaja:ʒヴォワイヤージェ] 旅行する、
　employé [ɑ̃plwajeアンプロワイエ] (m.) 会社員

❸ 鼻母音 (母音字＋n、m)

《 an、am 》　☞ P.50　　　　　　　　　　　　((115))

● 舌を後ろに引き、奥のほうで発音する、鼻にかかった[ɑ̃アン]。[アン]と[オン]
　の中間の音。

　an [ɑ̃アン] (m.) 〜歳、anglais [ɑ̃glɛアングレ] (m.) 英語、
　Champs-Elysées [ʃɑ̃zelizeシャンゼリゼ] (m.) シャンゼリゼ大通り

《 en、em 》　☞ P.50　　　　　　　　　　　　((116))

● こちらも鼻にかかった[ɑ̃アン]。まれに[ɛ̃アン]の発音もあり。

　en [ɑ̃アン] 〜で、gentil [ʒɑ̃tiジャンティ] 親切な、temps [tɑ̃タン] (m.) 時間、
　employé [ɑ̃plwajeアンプロワイエ] (m.) 会社員

《 in、im 》　☞ P.50　　　　　　　　　　　　((117))

● 口を広く開け、鼻にかけて発音する[ɛ̃アン]。

　matin [matɛ̃マタン] (m.) 朝、vin [vɛ̃ヴァン] (m.) ワイン

cent-soixante-cinq [サン・ソワサント・サンク] ｜ 165

Annexe フランス語の発音

《 ain、aim 》 ☞ P.50 （(118)）

● 口を広く開け、鼻にかけて発音する[ɛ̃ アン]。

pain [pɛ̃ パン] (*m.*) パン、train [trɛ̃ トラン] (*m.*) 電車、
demain [d(ə)mɛ̃ ドゥマン] 明日

《 ein、eim 》 （(119)）

● こちらも[ɛ̃ アン]。

ceinture [sɛ̃ty:r サンテュール] (*f.*) ベルト、peinture [pɛ̃ty:r パンテュール] (*f.*) 絵、
Reims [rɛ̃:s ラーンス] ランス（都市名）

《 on、om 》 ☞ P.50 （(120)）

● 口をすぼめて鼻にかけて発音する[ɔ̃ オン]。

bon [bɔ̃ ボン] よい、pardon [pardɔ̃ パルドン] (*m.*) すみません、
comprendre [kɔ̃prɑ̃:dr コンプラーンドル] 理解する

《 un、um 》 ☞ P.50 （(121)）

● 唇を丸めて鼻にかける[œ̃ アン]。

un [œ̃ アン] 1つの、lundi [lœ̃di ランディ] (*m.*) 月曜日、
parfum [parfœ̃ パルファン] (*m.*) 香水

❹ 半母音字

《 il、ill(e) 》 ☞ P.111 （(122)）

● [ij/j イユ]の発音です。まれに[il イル]となる時もあります。

Bastille [bastij バスティーユ] (*f.*) バスティーユ、taille [tɑ:j タィユ] (*f.*) サイズ、
bouteille [butɛj ブティユ] (*f.*) ボトル、travailler [travaje トラヴァィエ] 働く、
billet [bijɛ ビエ] (*m.*) 切符

子音字

注意すべき子音字の発音を取り上げます。同じ子音字が2つ並ぶ場合は1つの子音字の時と同じように発音しますが、例外もあります。また後ろに来る文字によって発音が変わる場合があるので気をつけましょう。

《 b 》 （(123)）

● 通常は[b ブ]ですが、"c、s、t"の前で[p プ]の発音になります。

absence [apsɑ̃:s アプサーンス] (*f.*) 不在、
observer [ɔpsɛrve オプセルヴェ] 観察する

166 cent-soixante-six [サン・ソワサント・スィス]

《 c 》 ☞ P.32 （(124))

● "e、i、y" の前では [s ス]。舌先を下前歯の付け根につけて丸め、上前歯の裏側に近づけるようにして呼気を通す発音。

　　ce [s(ə)ス] それ、ceci [səsiススィ] これ

● その他の単語の前、語末では [k ク] と発音します。日本語のカ行に似た感じながら、"ca" は「キャ」と聞こえることも。

　　café [kafeカフェ] (m.) コーヒー、comme [kɔmコム] 〜のように、
　　avec [avɛkアヴェク] 〜と一緒に

《 ç 》 ☞ P.32 （(125))

● "ç" はセディーユ (cédille) と呼ばれ、[s ス] と発音。

　　ça [saサ] それ、commerçant [kɔmɛrsãコメルサン] (m.) 商人

《 cc 》 （(126))

● 通常は [k ク] と発音します。

　　accord [akɔːrアコール] (m.) 合意、occuper [ɔkypeオキュペ] 占領する

● "e、i、y" の前では [ks クス] と発音します。

　　accepter [aksɛpteアクセプテ] 承諾する、
　　occident [ɔksidãオクスィダン] (m.) 西洋、
　　succès [syksɛスュクセ] (m.) 成功

《 ch 》 ☞ P.32 （(127))

● "c" と "h" が組み合わさると [ʃ シュ]。舌先を上歯茎の裏側に近づけ、唇を突き出して発音。[k ク] と発音する場合もあり。

　　chose [ʃoːzショーズ] (f.) もの、acheter [aʃteアシュテ] 買う

《 g 》 （(128))

● 通常は [g グ] ですが、"e、i、y" の前で [ʒ ジュ] と発音します。

　　gare [gaːr ガール] (f.) 駅、magasin [magazɛ̃ マガザン] (m.) 店、
　　organiser [organizeオルガニゼ] 準備する、
　　orange [ɔrɑ̃ːʒオーランジュ] (f.) オレンジ、origine [ɔriʒinオリジヌ] (f.) 出身、
　　gymnastique [ʒimnastikジムナスティック] (f.) 体操

《 gn 》 （(129))

● [ɲ ニュ] の発音です。

　　campagne [kɑ̃paɲ カンパーニュ] (f.) 田舎、
　　magnifique [maɲifikマニフィック] すばらしい、
　　signature [siɲatyːrスィニャテュール] (f.) サイン

cent-soixante-sept [サン・ソワサント・セット] ｜ 167

| Annexe | フランス語の発音 |

《 gu 》 ☞ P.140 《《 130 》》

● [g グ] と発音します。

baguette [bagɛtバゲット] (f.) バゲット、guichet [giʃɛギシェ] (m.) 窓口、
audioguide [odjogidオディオギド] (m.) オーディオガイド

《 h 》 ☞ P.143 《《 131 》》

● フランス語では "h" は発音しません。"h" は "有音"、"無音" の2種類に分かれ、そ
れぞれ下記の違いがあります。

● "有音のh" は通常の子音字のように前にくる単語が何であれ、リエゾン、エリズィ
ヨン、アンシェヌマンはしません。

huit [ɥit ユイット] 8つの → dans huit jours [ダン・ユイ・ジュール] 8日後
(後に子音字、有音のhがくると後末の "t" を発音しない)
※dix-huit heures [ディズュイトゥール] 18時 (数詞＋数詞はリエゾンする)
homard [oma:r オマール] (m.) → le homard [ル・オマール] オマール海老

● "無音のh" は通常の母音字のように、前にくる単語によってリエゾン、エリズィヨ
ン、アンシェヌマンします。

herbe [ɛrbエルブ] (f.) ハーブ → les herbes [レ・ゼルブ] ハーブ (複数形)
heure [œ:r ウール] (f.) 時間 → trois heures [トロワ・ズゥール] 3時間
hier [jɛ:rィエール] 昨日 → avant-hier [アヴァン・ティエール] 昨日
habiter [abiteアビテ] 住む → j'habite [ジャビット] 私は住んでいます

《 ph 》 《《 132 》》

● [f フ] の発音です。

pharmacie [farmasiファルマスィ] (f.) 薬局、
photographier [fɔtɔgrafjeフォトグラフィエ] 写真を撮る、
téléphone [telefɔnテレフォヌ] (m.) 電話

《 qu 》 ☞ P.140 《《 133 》》

● [k ク] と発音します。

que [k(ə)ク] 何、quoi [kwaクワ] 何、quand [kɑ̃カン] いつ、qui [kiキ] 誰、
quel [kɛlケル] 何の、boutique [butikブティック] (f.) 店、
jonquille [ʒɔ̃kijジョンキーユ] (f.) 黄水仙

《 r 》 ☞ P.158 《《 134 》》

舌先を下前歯の裏側につけたままで舌の後方を持ち上げ、上あごとの隙間で出す振
動音が [r] の発音。カタカナではラ行で表記していますが、実際は [グ] に近い音です。
単語内の位置によって発音の仕方が異なります。

168 | cent-soixante-huit [サン・ソワサンテュイット]

- 語頭に来る場合はしっかり発音します。
  - rien [rjɛ̃ リヤン] 何も〜ない、rouge [ru:ʒ ルージュ] 赤い、
  - revenir [rəvni:r ルヴニール] 再び来る
- er規則動詞の語末は発音しません。
  - aller [ale アレ] 行く、manger [mɑ̃ʒe マンジェ] 食べる、
  - retourner [r(ə)turne ルトゥルネ] 戻る
- 語末にくる場合はかすかな音だけを添えます。
  - jour [ʒu:r ジュール] (m.) 日、vouloir [vulwa:r ヴロワール] 〜したい、
  - soir [swa:r ソワール] (m.) 晩
- 子音字の後の"r"は、前の子音字と同化したように聞こえるので要注意。
  - prendre [prɑ̃:dr プラーンドル] 取る、
  - français [frɑ̃sɛ フランセ] (m.) フランス語、très [trɛ トレ] とても
- 母音字の後の"r(r)"は軽く短く発音。
  - verre [vɛ:r ヴェール] (m.) グラス、merci [mɛrci メルスィ] ありがとう、
  - dessert [desɛ:r デセール] (m.) デザート
- 「さようなら」も、中ほどの"r"はかすかな音だけです。
  - au revoir [オ・ルヴォワール] → 実際には [オーヴォワール] に近い発音。

《rh》 (((135)))

- "h"は発音しないので [rル] になります。
  - rhum [rɔm ラム] (m.) ラム酒、rhume [rym リュム] (m.) 風邪

《s》 ☞ P.66 (((136)))

- 語末の"s"は発音しません。複数形も同様。
  - nous [nu ヌ] 私たち、trois [trwa トロワ] 3つの、pas [pɑ パ] 〜ない、
  - les [le レ] 定冠詞複数形、pommes [pɔm ポム] (f.) りんご（複数形）
- 語頭にあるときは、舌先を下前歯の付け根につけて上面を丸め、上前歯の裏側 に近づけるようにして呼気を通す [sス]。
  - soir [swa:r ソワール] (m.) 晩、six [sis スィス] 6つの、sûr [sy:r スュール] 確かな
- 母音字に挟まれた"s"は [zズ]。リエゾンした際も同様だと覚えれば簡単。
  - visiter [vizite ヴィスィテ] 見学する、église [egli:z エグリーズ] (f.) 教会、
  - vous avez [vuzave ヴザヴェ] あなたは持っています

《ss》 ☞ P.66 (((137)))

- 2つ"s"が並ぶときは [sス]。
  - croissant [krwasɑ̃ クロワッサン] (m.) クロワッサン、essayer [eseje エセイエ] 試す

《sc》 (((138)))

- 通常は [skスク] ですが、"e, i, y"の前で [sス] と発音します。
  - escalier [ɛskalje エスカリエ] (m.) 階段、
  - scandale [skɑ̃dal スカンダル] (m.) スキャンダル 、
  - science [sjɑ̃:s スィヤーンス] (f.) 科学、piscine [pisin ピスィヌ] (f.) プール

cent-soixante-neuf [サン・ソワサント・ヌフ] | 169

Annexe フランス語の発音

《 t 》 （（ 139 ））

● 通常は[t ト]ですが、"i"の前で[s ス]になります。

pantalon [pɑ̃talɔ̃ パンタロン] (m.) ズボン、toilettes [twalɛt トワレット] (f.) トイレ、
tour [tuːr トゥール] (m.) 順番、station [stasjɔ̃ スタスィヨン] (f.) 駅、
location [lɔkasjɔ̃ ロカスィヨン] (f.) レンタル、
position [pozisjɔ̃ ポズィスィヨン] (f.) 位置

《 th 》 （（ 140 ））

● "h"は発音しないので[t ト]になります。

thé [te テ] (m.) お茶、théâtre [teaːtr テアートル] (m.) 劇場、
méthode [metɔd メトド] (f.) 方法

《 x 》 （（ 141 ））

● 通常は[ks クス]ですが、"ex + 母音字"は[gz グズ]と発音します。

excellent [ɛksɛlɑ̃ エクセラン] すばらしい、taxi [taksi タクスィ] (m.) タクシー、
texte [tɛkst テクスト] (m.) テキスト、examen [ɛgzamɛ̃ エグザマン] (m.) 試験、
exercice [ɛgzɛrsis エグゼルスィス] (m.) 運動、
exister [ɛgziste エグズィステ] 存在する

母音字の省略

《 エリズィヨン élision 》 ☞ P.30 （（ 142 ））

母音字または**無音のh**で始まる単語の前が1音節で、"a、e、i"の**母音字で終わっている**場合、これらが省略されて**アポストロフ**(')とともにくっつきます。この現象を**エリズィヨン**といい、発音も後の母音字とくっついた音になりますので気をつけましょう。

le + après-midi → l'après-midi [ラプレ・ミディ] 午後

la + eau → l'eau [ロー] 水

ce + est → c'est [セ] それは～です

je + habite → j'habite [ジャビット] 私は住んでいます

ne + en → n'en [ナン] それを～ない

me + aider → m'aider [メデ] 私を助ける

si + il → s'il [シル] もし～ならば

連音、連読する場合

《 リエゾン liaison 》 ☞ P.48 （（ 143 ））

フランス語では単語の語末の子音字を発音しない場合が多いのですが、文章になると**この発音しない子音字**が、その後ろに来る母音字または**無音のh**とつながって**発音される**ようになります。これを**リエゾン**と言います。

170 cent-soixante-dix [サン・ソワサント・ディス]

- 主語人称代名詞 "vous、nous、ils(elles)" は母音字または無音のh始まりの動詞と必ずリエゾンします。この語末の "s" は濁音になることに注意。

  vous avez [ヴザヴェ] あなたは〜を持つ、

  vous êtes [ヴゼット] あなたは〜である、

  vous allez [ヴザレ] あなたは〜に行く、

  vous habitez [ヴザビテ] あなたは住んでいる、

  nous avons [ヌザヴォン] 私たちは〜を持っている、

  ils ont [イルゾン] 彼らは〜を持っている

- 主語と動詞を倒置した場合や疑問副詞の語末の "t" はリエゾンします。

  est-elle [エ・テル] 彼女は〜？、est-il [エ・ティル] 彼は〜？、

  faut-il [フォ・ティル] 〜すべき？、dit-on [ディトン] 私たちは〜言う？、

  comment allez [コマン・タレ] どうですか？

- 不定冠詞、部分冠詞、指示形容詞の複数形は続く母音字または無音のh始まりの名詞とリエゾンします。この語末の "s" も濁音に。

  des abricot [デ・ザブリコ] アプリコット、ces herbes [セ・ゼルブ] ハーブ

- 数詞＋名詞、数詞＋時間、数詞＋年齢、数詞＋数詞などもリエゾンしますが、語末の子音字によって発音がそれぞれ変化しますので要注意。

  deux éclairs [ドゥー・ゼクレール] エクレア2つ、trois heures [トロワ・ズゥール] 3時間、

  vingt-neuf ans [ヴァント・ヌヴァン] 29歳、dix-huit [ディズュイット] 18の

- 副詞＋形容詞もリエゾンします。

  très aimable [トレ・ゼマーブル] とても親切な

- 語末の "d" はリエゾンすることで "t" と発音されるようになります。

  quand est [カン・テ] いつですか？

- 動詞 "être" の後や助動詞＋過去分詞、否定形のpasの後などは人によってリエゾンしない場合もあります。

  c'est un [セタン] それは〜です、c'est à [セタ] それは〜のもの、

  pas encore [パ・ザンコール] まだ、je suis allé [ジュ・スュイ・ザレ] 私は行きました、

  nous sommes ici [ヌ・ソム・ズィスィ] 私たちはここにいます

《 アンシェヌマン　enchaînement 》　☞ P.47　　　《144》

リエゾンに対して、語末の本来発音される子音字が、その後ろに続く母音字または無音のhとつながることをアンシェヌマンと言います。

  il est [イレ] 彼は〜です、elle est [エレ] 彼女は〜です、

  il y a [イリヤ] 〜があります、il y en a [イリヨナ] それがあります、

  j'en ai [ジャネ] 私はそれを持っています、

  n'en avez [ナナヴェ] それを持っていない、un euro [アン・ニューロ] 1ユーロ、

  huit euros [ユイッテューロ] 8ユーロ、quel est [ケレ] 〜は何ですか？、

  quelle est [ケレ] 〜は何ですか？、cet hôtel [セ・トテル] そのホテル、

  cet après-midi [セ・タプレ・ミディ] その午後

cent-soixante-onze [サン・ソワサント・オーンズ] | 171

著 者
酒巻 洋子 (さかまき ようこ)
編集ライター、フォトグラファー

女子美術大学デザイン科卒業後、渡仏して料理学校、ル・コルドン・ブルーに留学。帰国後、編集プロダクション、料理雑誌の編集部を経てフリーに。2003年、再渡仏し、現在パリとノルマンディーを行き来する生活を送っている。ブログ「いつものパリ(paparis. exblog.jp)」にてパリのお散歩写真を、インスタグラム「@normaninuneko」にてノルマンディーの日常写真を公開中。著書に「パン屋さんのフランス語」「お散歩しながらフランス語」「恋するフランス語」「猫とフランス語」「フランス語日記」(以上すべて三修社)、「シャンブル・ドットで見つけたパリ流インテリア」(新紀元社)、「フランスから届いたパンのはなし」(産業編集センター)、「秋田犬のおやこ」(翔泳社)など多数。

Remerciements à la famille Lepetit, à Sofia et Victor pour leur aide à la réalisation de ce livre.

新版 ここからはじめるフランス語

2025年4月30日　第1刷発行

著 者　酒巻洋子

発行者　前田俊秀

発行所　株式会社三修社
　　　　〒150-0001 東京都渋谷区神宮前2-2-22
　　　　TEL 03-3405-4511　FAX 03-3405-4522
　　　　振替 00190-9-72578
　　　　https://www.sanshusha.co.jp/
　　　　編集担当　菊池 暁

印刷・製本　日経印刷株式会社

装丁・本文デザイン　秋田康弘

© Yoko Sakamaki 2025 Printed in Japan
ISBN978-4-384-06148-2 C0085

JCOPY 〈出版者著作権管理機構 委託出版物〉

本書の無断複製は著作権法上での例外を除き禁じられています。複製される場合は、そのつど事前に、出版者著作権管理機構(電話03-5244-5088 FAX 03-5244-5089 e-mail: info@jcopy.or.jp)の許諾を得てください。

172　cent-soixante-douze [サン・ソワサント・ドゥーズ]